Projekt:
Die bessere Welt!

6plus1 – Gesichtspunkte zu
Gesellschaft und Staat

Impressum:

Copyright: by Werner Bulling, Friedberg 2012
www.forum-erneuerung.de

Illustrationen, Titelgestaltung/Composing & Layout/Satz:
Birgit Oesterle, www.kopf-hand-herz.de
Fotografie: Berthold Stetter Photodesign
Herstellung und Verlag:
BoD – Books on Demand, Norderstedt
ISBN: 978-3-7322-4619-9

Inhalt

Einleitung

Dieses Buch soll Information liefern, Daten aufzeigen und verschiedene Gesichtspunkte benennen. Es ist an all diejenigen Personen gerichtet, die den grundsätzlichen Wert der Gemeinschaft, des Gemeinwesens anerkennen – oder diesen Wert entdecken wollen.

Die Welt ändert sich, immer wieder. Sie folgt dabei technischen Neuerungen oder ideologischen Strömungen. Die Frage ist, wo – in dieser Menge an Veränderung – Punkte stabil gehalten werden müssen.

So viel schon wurde über das „System", in dem wir leben, geschrieben. Anders gesagt, ist damit die „Ordnung" gemeint, die unserem Gemeinwesen gegeben wurde. Sie ist definiert durch die Gesetzessammlung der Verfassung oder des Grundgesetzes, durch die nachfolgenden Gesetze wie das Bürgerliche Gesetzbuch, das Handelsgesetzbuch und weitere Gesetzestexte.

Das System ist aber auch definiert durch die Verpflichtungen, die unser Gemeinwesen (Deutschland) über den Rahmen internationaler Verträge – z.B. betreffend die WTO und die Europäische Union – übernommen hat.

Die Ordnung besteht auch aus den verschiedenen Regelungen, die die Verwaltungsebene betreffen, wie zum Beispiel die Meldepflicht (Wohnsitz). Wir fahren in Deutschland mit unseren Autos auf der rechten Straßenseite, das ist ein Teil der Ordnung. Wir anerkennen das Rechtsfahrgebot als eine für alle gültige Richtschnur, damit der Verkehr sicher fließen kann.

Als einen weiteren Teil der Ordnung finden wir vor, dass wir Menschen in Deutschland einen Bundeskanzler – momentan eine Bundeskanzlerin – haben, mit den ihm / ihr übertragenen Kompetenzen. Wir wählen die Abgeordneten des Bundestages. Dieser ist ein Teil des Apparates, der die Gesetze des Landes hervorbringt. Das alles ist Ordnung, ist System. Es ist in den einzelnen Teilen unserer Gesetze so festgelegt.

Genauer gesagt, gibt es nicht „eine Ordnung". Es gibt viele davon, einzelne Gebiete umgrenzend – zum Beispiel gibt es eine „Gemeindeordnung", in der bestimmte Angelegenheiten der Gemeinde geregelt sind. Wenn wir also gewisse Schwierigkeiten und Phänomene „dem System" zur Last legen, dann müssen wir unterscheiden, statt das gesamte Gebäude einreißen zu wollen.

In verschiedenen Gebieten dieser Erde, welche von Wassermangel betroffen sind, gibt es eine überlieferte Wasserordnung. Dieses Wassersystem können wir nun betrachten, um ein erstes Verstehen dieser Ebene von Ordnung zu erlangen:

Wir können uns fragen: Welche Umstände liegen der Wasserordnung zugrunde:

- *Es gibt eine begrenzte Menge Wasser. Diese Menge muss gerecht und nutzbringend verteilt werden.*
- *Dazu müssen Wasserkanäle zuerst angelegt und dann instand gehalten werden.*

- *Die Wasserversorgung ist grundsätzlich ein Gemeingut, da kein Leben ohne Wasser existieren und gedeihen kann.*
- *Die Versorgung mit Wasser muss ständig gewährleistet sein.*

Entwicklungsgeschichtlich gesehen, muss es eine Art von Gemeinderat, Ältestenrat, Gemeindeversammlung gegeben haben, aus der Bevölkerung, in deren Gebiet das Wasservorkommen zu Tage tritt. Dieses Gremium vertritt die Gemeindekörperschaft (Gemeinschaft als Ganzes).

Die Aufgabe des „Gemeinderates" besteht nun darin, das Wassersystem gut organisiert zu bekommen. So wie in der Mathematik, wo es eine Fragestellung gibt und die dazu richtige Lösung.

Eine mögliche Lösung ist nun, dass es eine Art von Wasserobmann geben soll, der die Aufgabe der Wasserbewirtschaftung für das Gemeinwesen übernimmt. Es könnte festgelegt werden, dass das vorhandene Wasser gerecht zum Beispiel auf die vorhandenen Anbauflächen zu verteilen ist. Eine Art von Wasserabgabe müsste beschlossen werden, damit die ganzen Fangbecken, Kanäle, Verteilungsschieber und so weiter angelegt oder angeschafft werden könnten.

Das also wäre die Ordnung, das System, in dem das Wasser floss und fließt – über viele Generationen unverändert und in Funktion. Und solange das transparent, ehrlich und gerecht gemacht würde, solange keiner bevorzugt, keiner benachteiligt würde, so lange gäbe es Frieden.

Unfrieden hingegen wird immer dann auftreten oder ausbrechen, wenn separate Interessengruppen oder separate, private Individuen es bewerkstelligen können, die übrigen Beteiligten zu überreden oder zu täuschen. Die Wasserordnung würde dann „verbessert", „aktualisiert", „modernisiert", „harmonisiert" – was nicht viel anderes bedeutet, als dass Ordnungsräume geschaffen würden, die dann individuellen, privaten Wünschen und Vorstellungen dienen würden. Das System würde nun der separaten Interessengruppe Vorteile, verdeckte Privilegien bieten, den Übrigen jedoch Nachteile oder gar Schwierigkeiten.

Oder der Wasserobmann wird von verdeckten Interessengruppen gekauft und bezahlt. Die Folge ist dann, ganz offiziell oder insgeheim: Der eine Wasserschieber wird etwas länger geöffnet, während der andere etwas länger geschlossen bleibt. Auf einem Feld gedeihen die Datteln und Feigen bis aufs XXL-Format, während das Korn auf dem anderen verkümmert.

Unsere komplexe Welt mit ihren teilweise unüberschaubaren Ordnungsbereichen, ihren Finanz-, Wirtschafts-, Wohlfahrts-, Sozial- und Eurosystemen, kann von einem einzelnen Bürger wohl nicht mehr überschaut werden. Und das ist brisant, denn über die Veränderung der jeweiligen Systeme, also der bisherigen Ordnung, wird uns zuerst die Wurst vom Teller genommen, dann das Brot. Natürlich verändert sich die Welt, somit bekommen wir neue Maßgaben. Das heißt jedoch nicht, dass die „Wasserordnung" geschliffen werden müsste.

Grundlage der historischen Wasserordnung ist die Gleichberechtigung, die Gerechtigkeit, das Gemeinwohl und die Vernunft. Das sind die Bezugspunkte, auf denen dieses System steht.

Die Bezugspunkte für das Thema dieses Buches „Projekt: Die bessere Welt!" entstammen dem Sinngehalt nach den Naturrechten. Sie sind nicht die Erfindung des Autors. Sie sind älter als jede Verfassung der Länder dieser Erde. *(Diese Bezugspunkte wurden im Vortrag „Über die eigentlichen Grundlagen vernünftiger Politik" bereits benannt.)* Sie lauten:

Der Mensch ist aufgrund eines unveräußerlichen Naturrechts frei geboren. Er ist mit Vernunft begabt und damit fähig zur freien Entscheidung.

Der Mensch ist eine soziale Person. Es liegt in seiner Natur, einer Gemeinschaft anzugehören und sich mit anderen Personen sowohl geistig als auch materiell auszutauschen.
(Quellen unbekannt)

(Vergleiche: UNO Resolution 217A (III) vom 10. Dezember 1948 / Allgemeine Erklärung der Menschenrechte: Alle Menschen sind frei und gleich an Würde und Rechten geboren. Sie sind mit Vernunft und Gewissen begabt und sollten einander im Geist der Brüderlichkeit begegnen.)

Viele neue Bezugspunkte haben sich Zutritt erschwindelt in unsere Gedankenwelt hinein, die letzten Jahre und Jahrzehnte. Da wird die Globalisierung, das Eurosystem auf die Weltbühne, die europäische Bühne gehievt. Das sind verdeckte Bezugspunkte, die uns untergeschoben werden. Es ist eine enge Welt, die hier im Entstehen begriffen ist.

Besseres Leben – wirklicher Fortschritt – drückt sich in geistiger Entwicklung, in erfolgreicher Tätigkeit und in Glücklichsein aus. Dazu ist es dienlich, dass wir eine Bereitschaft entwickeln, einigen grundsätzlichen Inhalten des Lebens zu begegnen. Diese Inhalte mögen banal erscheinen, dennoch sind sie unverzichtbar. Als Beispiele möchte ich nennen: Familienleben, Arbeitsleben, Anstand und Gerechtigkeit, Sparsamkeit und Nachhaltigkeit, Gemeinsinn – und so weiter und so fort. Im übrigen sind wir gut beraten, diese grundsätzlichen Bestandteile anzunehmen.

Wir würden dann vielleicht aufhören, uns vorrangig als Einzelpersonen – mit den jeweiligen persönlichen oder privaten Interessen – zu definieren. Unser gesamtes Feld, also auch die zu uns gehörenden Gemeinwesen – wie die Firma, in der wir arbeiten, die Gemeinde, das Land oder der Staat – alles braucht eine vernünftige Ausgewogenheit der Interessen. Ansprüche und Pflichten könnten in ein gutes Gleichgewicht kommen.

Eine ausufernde Staatsgewalt ist nicht dazu geeignet, dieses Gleichgewicht zu schaffen. Weder führt die Überwachung aller Bürger, noch eine vorrangig auf Wirtschaft oder Finanzen ausgerichtete Ordnung zu einer erstrebenswerten Lösung.

Ehrlicherweise muss auch gesagt werden, dass wirklich konstruktive Beiträge eher von den Menschen selbst geleistet werden, nicht so sehr von den Regierungen. Die Hoffnung, die EU werde es schon richten, ist daher genauso weltfremd wie das Streben nach einer Weltregierung. In Verleugnung oder Unkenntnis der eigentlichen Grundlagen, von denen ich einige in diesem Buch benennen möchte, kann kein erstrebenswerter Lebensraum erhalten werden.

Unsere Ordnung sollte so gestaltet sein, dass Menschen freiwillig und gerne beitragen oder am Gemeinwesen teilnehmen können. Dazu ist es notwendig, dass die Ziele und Inhalte der Gemeinschaftsordnung zuerst der Gerechtigkeit und der

Wahrheit, dann dem Wohl, den Wünschen, Bedürfnissen und Interessen der Teilnehmer dienen.

Somit wird Freiheit, Selbstbestimmung und Würde des Individuums möglich.

Das bedeutet auch, dass unsere eigentlichen Grundlagen, die Grundgesetze, die das individuelle und gesellschaftliche Leben betreffen, weder aufgrund irgendeines Notstandes – sei er vorgeschoben oder tatsächlich – noch aufgrund irgendwelcher anderer Interessen eingeschränkt oder beseitigt werden dürfen.

Es genügt aber nicht, nur darüber zu reden, dass wir die aktuell laufenden Umbaumaßnahmen an unserem Gemeinwesen nicht wollen. Wir müssen gleichzeitig betrachten und beschließen, *was* wir wollen, in einem positiven Sinne, in einem Erschaffungsprozess. Erst wenn Alternativen zu den bürgerfernen Umbau- oder Abrissmaßnahmen (des Staates, der Gemeinschaftsordnung) bekannt sind und verstanden werden, kann es danach zu einer Übereinstimmung bezüglich dieser Alternativen kommen. Und dann haben wir die Chance zu einer sinnvollen Umsetzung dieser Alternativen.

Die einzelnen Elemente der Alternativen existieren bereits, sie sind nicht neu. Mein Anliegen ist nun, sie deutlich aufzuzeigen, sie allgemein bekannt zu machen und ihre grundsätzliche Bedeutung in die Öffentlichkeit zu bringen. Vielleicht haben wir dann in 5, 10 oder 20 Jahren eben keine weitgehend entmündigten Bürger, kein sterbendes Gemeinwesen, kein Staats-Weltgebilde, das vorrangig auf fadenscheinige Wirtschaftsnotwendigkeiten, auf die Finanzinteressen Weniger und auf (staatliche) Gewalt gründet.

Werner Bulling

I. Bemerkenswerte Zusammenhänge

Messen von Qualität

In der Wirtschaft, wenn ein Produkt promoted werden soll, was tut die Werbung? Seit ungefähr 20 Jahren betont sie vorrangig den Preis einer Ware – BILLIG!! Über „Geiz ist geil" wird uns suggeriert, auf was wir beim Einkaufen achten sollen. Oder die Werbeagentur arbeitet mit ihren Bildern über Prestige und Ästhetik. Wir, die Kunden, sollen Status gewinnen oder Ästhetik. Also würden wir ein Lifestyle-Produkt – wie zum Beispiel einen neuen Mini von BMW – kaufen. Man hilft uns, zu denken, dass die wichtigste Qualität eines Produktes der Preis, das Prestige oder der Lifestyle sei. Man lässt uns sogar denken, dass eine wesentliche Qualität des Lebens der Lifestyle sei – weit über das Produkt hinaus.

Die Frage ist nun, ob das wirklich stimmt. Vielleicht denken die Werbeagenturen auch etwas engstirnig, und die Menschen, die die Produkte kaufen, gehen in Wirklichkeit in eine Falle.

Was würde geschehen, wenn wir, als Kunden, uns eigene Qualitätsmaßstäbe erarbeiten würden? Was wäre, wenn wir uns anschauen würden, was uns im Leben wirklich weiter bringt? Ganz einfach – die Werbung, wie wir sie derzeit kennen, „hätte fertig".

Damit wir uns mit dem Thema Qualitätsmessung etwas vertraut machen können, werden wir ein Beispiel aus dem Bildungsbereich heranziehen. Sie haben alle schon davon gehört: Die PISA-Studie.

PISA soll uns die Leistungsfähigkeit unseres Schulsystems, unserer Schüler, unserer Kinder aufzeigen – verglichen mit anderen Ländern. Es gibt also eine Art Rangfolge der Länder, beziehungsweise der Bildungseinrichtungen oder Schulsysteme der Länder. Nummer eins, also der „Beste", zwei, drei und so weiter, Rang 17 oder Rang 26. Wissen Sie, wie Deutschland abgeschnitten hat?

PISA behauptet also, zu messen, ob unser Schulsystem besser ist oder schlechter. Wenn wir von besser oder schlechter reden, dann meinen wir damit die Qualität.

Und die Rangfolge ist dann das Ergebnis einer Art von Qualitätsmessung.

Mir geht es hier nicht darum, festzustellen, PISA sei gut oder schlecht, richtig oder falsch. Ich möchte PISA nur als Beispiel benutzen, um Sie auf einen grundsätzlichen Umstand aufmerksam zu machen.

Lassen Sie uns einmal anschauen, auf welche Weise solche Messungen und Bewertungen realisiert werden können.

Das heißt nicht, dass die PISA-Macher so vorgegangen sind. Aber: Sie mussten sich ja vorab darüber einigen, welchen Schulfächern oder Faktoren sie welche anteilige Wichtigkeit beimessen wollen, wie die Benotung zustande kommen und ob es noch andere Kriterien geben soll.

Angelegte Maßstäbe

Sie müssen sich auf einen Maßstab einigen, mit dem sie messen wollen. Also könnten sie zum Beispiel beschlossen haben, dass die Fertigkeiten der Schüler in Rechtschreiben, Rechnen und Biologie maßgebend sein sollen für die Beurteilung. Und dass Rechtschreiben und Rechnen jeweils 40 % der Beurteilung ausmachen sollen, Biologie aber 20 %.

So, das wäre eine mögliche Wertung, ein möglicher Maßstab. Nun könnte man nach diesem Maßstab die Schüler in Europa vergleichen und eine entsprechende Rangfolge erhalten: Die PISA-Rangfolge auf Grundlage von 40 % Rechnen, 40 % Rechtschreiben und 20 % Biologie.

Würde man den Bewertungsmaßstab ändern, zum Beispiel in 50 % Biologie, 10 % Rechtschreiben und 40 % Rechnen, dann sähe alles wieder anders aus. Es könnte sein, dass die Rangfolge der Staaten dann eine ganz andere wäre.

Oder angenommen, PISA würde aufgrund von 25 % Handarbeiten, 25 % Sport, 25 % Musik und 25 % Heimatkunde gemacht, dann würde alles wieder ganz anders aussehen.

Was ich ausdrücken will ist, dass die Ergebnisse, die erhalten werden, natürlich direkt abhängen vom Maßstab, der angelegt wird. Und ich möchte ausdrücken, dass ganz verschiedene Maßstäbe oder Kriterien möglich sind, dass ganz verschiedene Gewichtungen möglich sind.

Wertung

Mit der Wertung gibt man einer Sache eine Wichtigkeit, das
ist die Gewichtung. Indem zum Beispiel dem Rechnen ein
Anteil von 60 % an der Beurteilung gegeben würde, Englisch
30 % und Rechtschreibung 10 %, so würde das bedeuten, dass
das Rechnen als 6 x so wichtig angesehen würde wie die Rechtschreibung. Und es würde bedeuten, dass Englisch mittelmä-
ßig wichtig wäre.

Um also im Sinne von PISA gut zu sein, müsste man sich
mehr auf das Rechnen konzentrieren und könnte die Rechtschreibung weitgehend vernachlässigen, weil sie nicht so hoch
bewertet wäre. Um Englisch müsste man sich schon auch
kümmern. Und wenn der Musikunterricht nicht mitgezählt
würde, dann zur Hölle mit der Musik. Die Gewichtung hat
also eine direkte Auswirkung auf die dann vorzunehmende
Ausgestaltung des Bereiches, auf die Maßnahmen, die dann
getroffen werden.

Diejenigen, welche die Kriterien festlegen, inklusive der pro-
zentualen Wichtigkeit, legen hier eine Art von Idealität fest,
die entweder richtig sein kann oder falsch.

Diese Wichtigkeit oder Idealität kann nun den Lesern der
Zeitung, den Zuhörern des Radios und den Zuschauern des
Fernsehens mitgeteilt werden.

Wir, als Zuschauer, können nun also daran glauben, dass die
Schüler in Deutschland „zu Recht" über die PISA-Studie be-

wertet werden. Das Kultusministerium hätte inzwischen sechs Schulstunden für Rechnen, drei für Englisch und nur eine für Rechtschreibung verordnen können.

Es ist jedoch zuerst die Frage zu stellen, ob die vorgenommene Wertung den eigentlichen Notwendigkeiten des Lebens Rechnung trägt, den Lebenszielen der Bürger dient. Ein Beispiel: Obwohl ein Mensch zeitlebens mit Geld umgehen muss – das ist ein zentrales Erfordernis – lernt er in der Grundschule nichts über Geld, Wirtschaft oder Finanzen.

Wir überprüfen die vorgenommene Wertung nicht. Vielleicht aber ist der PISA-Test so angelegt, um darauf hinzuwirken, dass unsere Schüler in Hinsicht auf eine zukünftige Verwendung in der Arbeitswelt ausgebildet werden.

Was ist von Wichtigkeit?

Misst PISA den Unternehmungsgeist junger Menschen? Ist das soziale Verhalten eine Maßgabe beim Test? Wird gemessen, wie wach und glücklich die Kinder sind?

Also, das ist natürlich eine sehr relative Sache, was gemessen wird, mit welcher relativen Wichtigkeit der einzelnen Bestandteile zueinander. Welche Eignung – für was – soll durch PISA ausgedrückt werden?

Aber das Ganze sieht sehr wissenschaftlich aus, in den Medien wird ausgiebig darüber berichtet. In der Folge stimmt der Zeitungsleser, der Fernsehzuschauer, dem das Maßsystem und die dahinter liegende Zielrichtung nicht mitgeteilt wird, damit überein. PISA wird zum festen Teil seines Weltbildes. Der Medienkonsument denkt, dass es richtig sei, so zu „messen" und natürlich sind die Folgen, die sich aus PISA für die Bildungspolitik ergeben, berechtigt bis zwingend. Unbemerkt ist aber unklar geblieben, aus welchem Wissens- und Verstehenshorizont, aus welchem Menschenbild heraus und mit welcher Zielsetzung die „Qualität gemessen" und gerade dieser Maßstab und diese Wertung bei der Durchführung von PISA vorgenommen wurde. Das ist der grundlegende Mangel in der Logik des Verfahrens.

II. Scheinbare Wirklichkeiten

Wahrheit oder Fiktion

Die Wertung wird nun also zur „Wahrheit". Der Mensch beginnt, im Sinne von PISA zu denken. Das kann so fest werden, so unumstößlich, das andere Varianten gar nicht mehr vorstellbar sind, geschweige denn diskutierbar.

Es ist sicher starker Tobak, sich vorzustellen, dass bei uns Menschen Meinungen auf diese Art und Weise erzeugt werden können.

Der, der nicht im Sinne von PISA denkt und spricht, würde nun zum Außenseiter werden.

In der Tat leben wir alle, mehr oder weniger, mit solchem Zeug im Kopf. Es ist versteckt und unbewusst. Wir sehen fern, wir lesen die Zeitung, und wir schauen noch nicht einmal, ob all dieser Input, den wir bereits bekommen haben, einer akribischen Überprüfung standhalten würde. Wir überprüfen nicht, wir übernehmen. Und ohne zu hinterfragen, übernehmen wir – oft ohne uns darüber bewusst zu sein – die Wertung zu einer bestimmten Sache. Es ist uns nicht bewusst, dass diese Wertung von Außen kommt und ungeprüft den Weg in unsere „eigenen" Anschauungen gefunden hat.

Brain Wash und Meinungskontrolle

Wirklich gefährlich würde es dann werden, wenn unsere „eigenen" Anschauungen in Wahrheit zuvor von irgendwelchen Strippenziehern hinter den Redaktionsstuben einer kontrollierten Presse – oder hinter den Fernsehstudios von Mr. Murdoch und Co. – zuerst geplant, entworfen und dann in unsere Köpfe hinein gebrannt worden wären. Die totale Präsenz unserer Medien und der unablässige Fernsehkonsum kann nichts anderes hervorbringen, als dass große Teile der Bevölkerung größte Teile des Weltbildes übernehmen, das sie tagtäglich vorgesetzt bekommen.

Das wäre eine interessante Definition für Propaganda und Manipulation, die auch genau so funktionieren und eher unbemerkt bleiben: Falsche oder ungenaue Daten werden gegeben, die Wichtigkeit wird verändert. Andere wichtige Faktoren oder wesentliche Informationsstücke werden ausgelassen und vernachlässigt. Über die einen Vorkommnisse, Umstände oder Hintergründe wird berichtet, über die anderen nicht.

Ein sehr schönes Beispiel ist hier der 11. September 2001 – der Anschlag auf das World Trade Center. Können Sie sich vorstellen, wie oft uns die Bilder der fallenden Türme gezeigt wurden, die der heldenhaften Feuerwehrmänner, die der trauernden Witwen? Bis hinein in die Gegenwart?

Schon einen Tag später war klar, „wer" es gewesen ist. Und das ist die offizielle Version geblieben, mit dem Afghanistankrieg bis heute, dem Bruch des Völkerrechts, der Verleugnung oder dem Abbau der Grundrechte und so weiter und so fort. Ganz eindeutig haben wir es hier mit einem Umbau des Systems, der Ordnung, in der wir Menschen leben, zu tun.

Eine Meinung, sogar eine Überzeugung, kann „gemacht" werden. Eine Anschauung wird erzeugt, indem zum Beispiel über eine Selektion von Informationen eine bestimmte Wertung vorgenommen wird. Uns als Empfänger dieser ausgewählten Botschaften erreicht nur der gewünschte Anschein, nicht das, was wirklich ist.

Das verdeckte Ziel

Über die Darstellung des Ereignisses, also die Art und Weise, wie dieses Trauma den Menschen gezeigt und erklärt wurde, konnte das Bild erzeugt werden, ganz Amerika sei im Krieg. Über diesen Anschein wurden dann die eigentlich beabsichtigten Maßnahmen kommunizierbar und durchsetzbar: Graduelle Ermächtigungsgesetze, verstärkte Aufrüstung, Abbau der Rechte jedes einzelnen Bürgers – eine Art Notstandsgesetze aufgrund der „Kriegssituation" – Einmarsch in Afghanistan und so weiter. Mit anderen Worten: Das System wird teilweise umgestürzt, die alte Ordnung geschliffen.

Es wird seither in den Medien wenig über Menschenrechte berichtet, wenig über das Völkerrecht. Es wird nicht aufgerufen zu einem friedlichen Miteinander.

Der „Terrorismus" und der „Kampf gegen den Terror" wurden zum neuen Maßstab. Der „Kampf der Kulturen" wurde zum Thema gemacht.

Die kriegerische Einmischung in Afghanistan und der Überfall auf den Irak verstießen aber gegen das Völkerrecht, gegen die Menschlichkeit, gegen jede Verhältnismäßigkeit und alle Vernunft. Dessen ungeachtet sieht ein Teil der Menschen das Vorgehen der Amerikaner als gerechtfertigt, anstatt ein Tribunal in Den Haag einzufordern.

Denn: Über das Völkerrecht und seine Hintergründe wird wenig gesprochen. Gleichzeitig ist der Blick auf unsere eigene Menschlichkeit, auf das Mitgefühl mit unseren Mitmenschen im Irak und in Afghanistan versperrt durch das uns eingebrannte Bild der fallenden Türme. Ersatzweise haben wir Bilder von muslimischen Selbstmordattentätern zu sehen bekommen. Sie waren gegürtet mit einem Bündel Sprengstoff.

Mit den Türmen wurden in Wirklichkeit die Werte umgestoßen. Die Werte der Humanität, des friedlichen Miteinander, der Fairness und Gerechtigkeit. Der Wert „Du sollst nicht töten" oder „Liebe deine Feinde" gerät ins Kreuzfeuer der Medien und danach unter die Ketten amerikanischer Panzer. Die Werte jedoch bilden das philosophische Fundament der Rechtsordnung, des Systems.

Und während diese früheren Ideale versenkt oder verzerrt werden, werden unsere Freiheit und unsere Bürgerrechte immer mehr eingeschränkt. Wie viele Leitbilder mussten in Vergessenheit geraten. Können Sie sich erinnern? „Nie mehr Krieg!"?

Diese Leitbilder waren früher aber anerkannte Maßstäbe, mit denen gemessen wurde. Sie waren Richtigkeiten, Zielsetzungen.

Neue Welt

Wir können von einem Wechsel der Leitbilder sprechen. In der Zeitung liest man hin und wieder von Werteverfall. Richtigerweise muss gesagt werden: Fundamentale Grundlagen der Zivilisation und des eigentlichen Menschseins hier auf der Erde werden verscharrt. Synchron dazu erodiert das Rechtssystem, die rechtliche Ordnung, in der wir leben.

Die neuen Leitbilder lauten: Kampf gegen den Terror, „friedenserhaltende Maßnahmen" (wie der Überfall auf Afganistan oder auf den Irak), Privatisierung, Liberalisierung, Spaßgesellschaft, eine Art „Jeder kann tun und lassen, was er will", Comedy und Trash – und natürlich „berühmt sein" und Status. Das wäre also der Gehalt der neuen Philosophie, der moderne Unterbau des neuen Rechtssystems.

Ich behaupte, dass dies synthetische Werte sind. Und die Frage ist, was wir errichten, wenn wir diesen Werten folgen. Und die Frage ist, was uns verloren geht.

Zu guter Letzt aber, wenn wir unser eigentliches Selbst nicht völlig aufgeben wollen, wird uns ohnehin nichts anderes übrig bleiben, als uns neu zu besinnen und uns von diesen verzerrenden, eigentlich unmenschlichen Leitbildern wieder zu trennen. Im Grunde müssen wir – einzeln oder gemeinschaftlich – zur Besinnung kommen, mehr oder minder, als Grundlage eines Neuanfangs. Wir müssen uns besinnen auf das, worum es eigentlich geht.

Was wir nun, in der Zeit, die jetzt kommt, tun, wird entscheidend sein. Wollen wir unseren Lebensstil, unsere Träume von den Stars amerikanischer Seifenopern oder irgendwelchen La-La-La-Sternchen abkupfern? Werden wir uns weiter – zum Beispiel von der Politik – bereitwillig degradieren lassen, um uns danach grotesk verbiegen zu müssen, statt etwas Eigenes zu entwickeln? Gilt es als Selbstverwirklichung, wenn unser „Modernes Leben" nur das nachlebt, was wir vorher im Fernsehen oder in der Werbung gesehen haben?

Eigentlich werden wir genasführt, wie Esel, genarrt mittels des alten Karottentricks. Wir können uns jedoch jederzeit auch entscheiden, die Qual der unglaublichen Wahrheit anzunehmen: Wir leben in Wirklichkeit nicht auf einem Urlaubsplaneten, sondern (zumindest die Menschen der „Westlichen Welt") geben ungefragt die Statisten im Trauerspiel eines inszenierten und unvorstellbaren Manipulationsbetrugs. Verkürzt gesagt, spreche ich von einer Art Bermudadreieck, dessen Eckpunkte aus der Dreieinigkeit von Politik, internationalen Banken und Medien gebildet werden. In diesem Loch saufen ab: Wahrhafte Bildung, Wahrheit und Frieden, Freiheit, Vermögenswerte normaler Menschen, Vertragstreue und eine ganze Menge Lebensqualität.

Meine Frage ist: Macht es sich bezahlt, die Korrektur der abgeänderten Ordnung noch ein wenig in die Zukunft zu schieben? Und diese Frage könnte sich jeder stellen: Bin ich jetzt bereit, mich den raffinierten Meinungsmachern mit ihrer „Geiz ist geil – Lebe heute und bezahl' morgen"-Botschaft zu entziehen?

III. Gemeinwesen

Die bessere Welt

Eigentlich haben wir die Freiheit, den Medienkonsum einzuschränken oder weitgehend einzustellen. Der Fernseher kommt auf den Wertstoffhof. Und plötzlich wird das Leben selbst zur Wirklichkeit. Das könnte damit einhergehen, dass diese perverse Rolle, der entmündigte Bürger im scheinbaren Gemeinwesen, als wenig zweckmäßig aufscheint. Dieses Vehikel führt uns nirgendwo hin. Es ist eine Schrottkiste. Gleichwohl wird sie von den PR-Abteilungen gewisser Interessengruppen endlos aufgehübscht. Wir hören also auf, diese Sache durch die Linse der Film- und Fernsehkameras zu betrachten und stellen fest: Die Kiste ist heruntergekommen, der TÜV bereits abgelaufen. Das ganze Ding ist am Zusammenbrechen, wird eh nur durch Spachtel und dicken, bunten Lack zusammengehalten. Statt sanft dahin zu gleiten, säuft das verbeulte Ding wie ein Schluckspecht. Also, ab in die Metallschmelze mit dem Schrott – die guten Teile werden behalten, der Rest neu aufgebaut.

Lassen wir uns diese überteuerte Krücke nicht mehr andrehen, egal wie geschickt und geschult die Verkäufer sind und wie bunt die Werbung leuchtet. Weg mit dem alten Schlitten und weg mit der ganzen damit verbundenen Mannschaft.

Aber, bitte, wie sieht der Staat, das Gemeinwesen, aus, wenn er / es nicht verrottet ist? Ein Beispiel kann ich gleich geben:

Er / Es ist nicht verschuldet.

Und ein Bürger, der nicht entmündigt ist, wie schaut der aus? Er geht am Flughafen nicht durch diesen Body-Scanner. Zum Beispiel.

Was also sind nun die „Umweltkriterien" – die Elemente für Luftreinhaltung und Lebensqualität für unser neues Modell? Nach welchen Gesichtspunkten wollen wir die Ordnung, das System gestalten, damit wir, unsere Symbionten und die jeweiligen Nachfahren aus dieser Lebensgemeinschaft lange Freude daran haben können?

Ich hätte es gerne die Harburg-Ordnung genannt, nach der Harburg zwischen Donauwörth und Nördlingen am Rande des Nördlinger Ries. Dort habe ich im Juli 2009 einen Vortrag gehalten mit dem Titel: „Freiheit im Jahr 2009". Und dort auf der Harburg habe ich die Elemente und Faktoren – und damit unsere „Umweltkriterien" – gefunden, die unverzichtbar und essentiell sind. Mit Hilfe dieser Bezugspunkte wird erstmals auch eine Qualitätsmessung einer Ordnung, eines Systems, möglich.

Ein Beispiel für ein Gemeinwesen, einen Staat

Vor 150 Jahren oder noch früher soll es hierzulande eine Art Kleinstaaterei gegeben haben, also mit Schlagbäumen alle 20, 50 oder 100 Meilen. Lassen Sie uns ein „Land" aus dieser zurückliegenden Zeit vorstellen, zwecks der besseren Überschaubarkeit und wegen des einfacheren Lebens, das damals üblich war. So sollte es möglich sein, die Elemente, aus denen die Qualität besteht, aufzufinden.

Lassen Sie uns die Harburg, den Ort Harburg als ein Modell eines Gemeinwesens nehmen – oder genauer gesagt die frühere Harburg, in den Jahrhunderten der Kleinstaaterei. Wären Sie einverstanden mit einem – zugegebenermaßen fiktiven – „Staat Harburg" des Jahres 1700? O.K.?

- *Das Staatsgebiet besteht aus den Ländereien und Orten, die im Besitz der Fürsten zu Oettingen-Wallerstein oder der Anwohner sind, beziehungsweise von ihnen beherrscht werden.*
- *Das Staatsvolk sind die Bewohner der Harburg und des Ortes Harburg, samt den Menschen in angeschlossenen Dörfern oder dazugehörenden Bauernhofsiedlungen.*
- *Die Souveränität ist in Händen des Fürsten zu Oettingen-Wallerstein.*

Es ist also legitim, die Harburg als stellvertretendes Objekt auf unserem Untersuchungstisch zu platzieren.

Staatsvolk + Staatsgebiet + Souveränität =
unabhängiges Gemeinwesen (Staat)

Hier, im Staate Harburg, können nun die Elemente aufscheinen, vom Prinzip her zumindest, welche wir dann für eine Verwendung in unserem zukünftigen Gemeinwesen vormerken. Und sie, liebe Leserin, lieber Leser, können selbst hinfahren zur Harburg, sich die Gegend betrachten und die Überbleibsel unseres „Modellstaates" vorfinden. Das ist auch durchaus touristisch zu empfehlen.

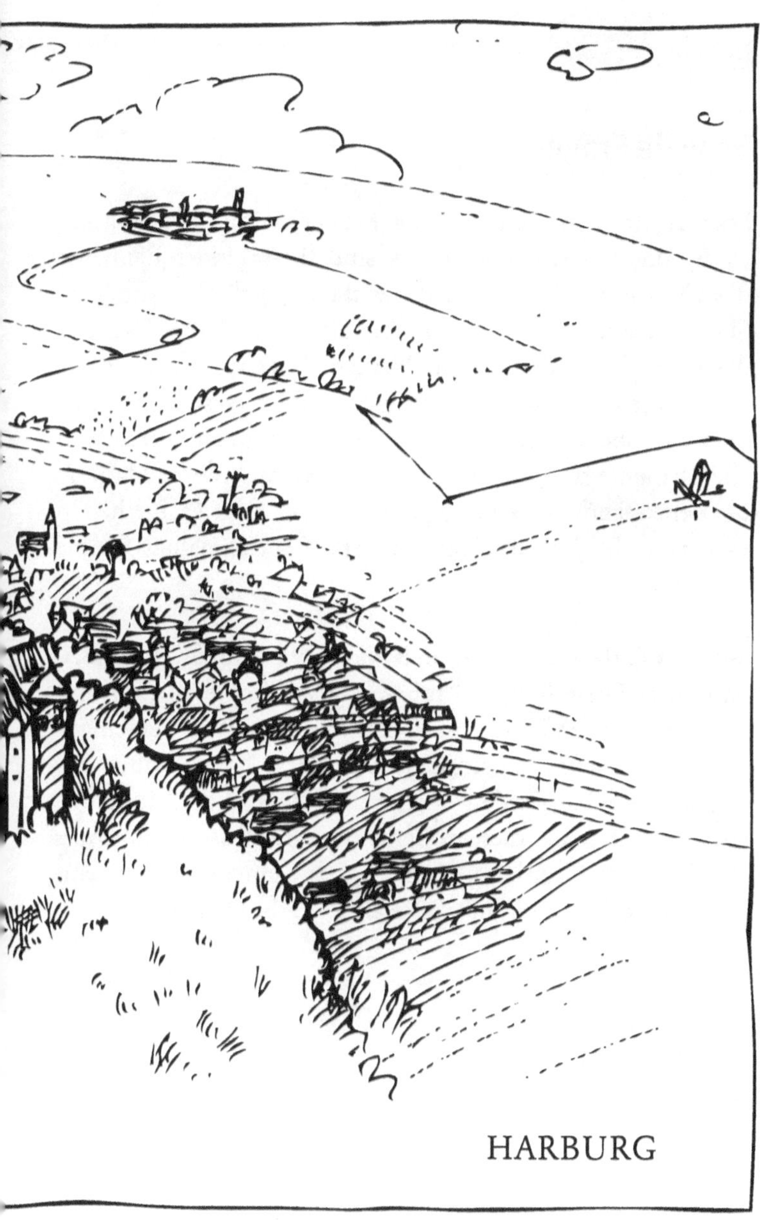

HARBURG

So viele Fragen

So, was gilt es nun zu betrachten bei der Harburg, was müssen
wir in Augenschein nehmen, was sind die tragenden Elemente
des Gemeinwesens, was ist das wirkliche, jedoch verborgene
Skelett, das die ganze Geschichte zusammenhält? Was sind
die Systembestandteile dieser kleinen Welt? Welche Ordnung
finden wir vor? Wie ist Harburg organisiert, gesetzlich einerseits und über die gesellschaftlichen Sitten andererseits? Welche Elemente bringen hervor, dass das Gemeinwesen Harburg
überleben kann in einer größeren Welt, dass es Freiheiten
gibt, Gerechtigkeit und nicht zuletzt Lebensqualität für die
Teilnehmer?

Welches sind – im übertragenen Sinne, die wahrhaftigen PISA-
Kriterien? Diese Kriterien müssen tatsächlich existieren, mit
einem wirklichen Bedeutungsinhalt. Verschiedene Gemeinwesen oder Staaten könnten dann über diese Kriterien messbar
und vergleichbar werden – wenn sich jemand die Mühe machen möchte. Aus diesem Gemeinwesen-Mess-System muss
eine Wertung resultieren können: Das Gemeinwesen ist ehrlich und gerecht geordnet, oder aber es gibt Defizite.

Die Aufgabe eines Gemeinwesens ist es ja einen Lebensraum
auszuformen. Für wen? Für die Gesamtheit der Teilnehmer,
zum Beispiel für das Individuum, für die beteiligten Familien,
für die involvierten Gruppen, wie zum Beispiel Firmen und
so weiter.

Bei einer Angelegenheit von so hervorragender Wichtigkeit und grundsätzlicher Bedeutung werden wir nun eine fundamentale Lücke füllen: Haben Sie schon mal was vom *Qu-d-Ge-Test* gehört? Es ist der „Qualität des Gemeinwesens"-Test und er ist neu. PISA war die Maßeinheit für Schulbildung. Mit Qu-d-Ge ist ein neuer Maßstab für die eigentliche Substanz der Rechtsordnung von Staaten und Gemeinwesen geschaffen. Das ist eine entschieden differenziertere Aussage als zum Beispiel „moderne Demokratie" oder „freiheitlich demokratische Grundordnung".

Qu-d-Ge = *Qualität des Gemeinwesens = wirklicher Zustand eines Systems, einer Ordnung, welches / welche die Rahmenbedingungen für ein Land oder eine Gruppe, Firma etc. bildet.*

Wir sind also auf der Suche nach den Qu-d-Ge-Kriterien, das bedeutet, wir müssen herausarbeiten, welche Hauptbestandteile, Hauptfunktionen oder Hauptelemente die Harburg-Ordnung beziehungsweise das Harburg-System hat.

Wie schon gesagt, ist das Wertesystem der Unterbau der Ordnung. Ein Wertesystem könnte man definieren als: Was wird als richtig angesehen, was als falsch und was wird als wichtig angesehen, was als unwichtig. Und zwar in Bezug darauf, dass dieser Ort bestehen bleiben kann, dass seine Bewohner den grundsätzlichen Raum haben, zu überleben – und zu wachsen. Die Qualität der gelebten Zivilisation soll sich verbessern und die Lebensqualität für die Mitglieder wachsen, ohne dass die Nachbarschaft der Harburg oder die mit ihr verbundenen Lebensbereiche (z.B. die Natur) zerstört oder in Gefahr gebracht werden.

Das Wertesystem bedingt die Hauptfunktionen, welche wiederum die von den Teilnehmern gebrauchten Leistungen hervorbringen.

Ich möchte dies anhand von einem Beispiel verdeutlichen: Vielleicht hatten die Menschen in Harburg das Bedürfnis, einen fairen Handel zu treiben. Das wäre die Wertvorstellung. Wenn sie also zum Bäcker gingen, sollten sie sicher sein können, dass das Brot tatsächlich so schwer ist, wie auf der Anzeigetafel vermerkt. Also gibt es in der Harburg einen Wiegebeauftragten, mit Prüfgewichten, der die Brote der Bäcker regelmäßig überprüft. Das ist eine der Funktionen, die die Harburg hat. Und die Leistung für die Teilnehmer ist, dass sie nicht von ihrem Bäcker übers Ohr gehauen werden können.

Über welches gedankliche Grundkonzept, über welche Ordnung, welche Organisationsform bekommen wir nun ein „gutes" System? Welche Wichtigkeiten müssen erkannt werden, welche Tragsäulen müssen als solche entdeckt werden? Uns wird nun der Akt abverlangt, Wichtiges von Unwichtigem zu unterscheiden. Wie muss der Raum abgesteckt sein, damit Menschen sinnvoll in ihm wirken können? Um es klar zu sagen, es geht nicht um Kommunismus, wo der Einzelne nichts ist und die Kommune alles. Es geht nicht darum, dass das Gemeinwesen sich als Übervater gibt für das Individuum. Es geht darum, eine Ordnung zu schöpfen, in der lebenswertes Leben möglich ist, jedoch die substantielle Verantwortung in Denken und Handeln in den Händen jedes Einzelnen verbleibt. Denn auch hier gilt: Die Schöpferkraft wohnt in jedem Einzelnen, und dieser positiven Schöpferkraft soll Raum gegeben werden, im Rahmen von so einfachen sittlich-ethischen Prinzipien wie: „Was du nicht willst, dass man dir tu, das füg' auch keinem anderen zu." Was ist denn Freiheit anderes.

Ein ehrliches Warum

Jetzt liegt er also unterm Mikroskop, unser Modellstaat. Und nun stellen wir uns die Fragen eines Forschers:

- *Wie funktioniert unser betrachtetes Objekt?*
  (Warum funktioniert es?)
- *Welche fundamentalen Bestandteile – oder Werte – hat es?*
- *Was ist seine Wesensart?*

oder

- *Was sind die Eckpunkte eines Gemeinwesens, die gewissermaßen sein Skelett und seine Substanz bilden? Mit anderen Worten: Was ist der Zweck des Staates?*
- *Welche konkreten Aufgaben resultieren daraus, dass das Gemeinwesen bestimmte Funktionen zu erfüllen hat für seine Teilnehmer?*
- *Welche Ergebnisse soll der Staat für seine Teilnehmer hervorbringen?*

Eckpunkte (Zweck) – Aufgaben (daraus) – Ergebnisse (davon)

Ich meine, im Anschluss zu meiner Arbeit „Freiheit im Jahr 2009" einige Antworten auf obige Fragen gefunden zu haben. Die Harburg, den Ort Harburg als Modell zu verwenden, hat mir dabei sehr geholfen. Ich möchte aber auch Sie, liebe Leserin, lieber Leser, einladen, einen eigenen Modell-Ort zu wählen. So können auch Sie Untersuchungen durchführen und eigene Antworten finden. Und wir können beginnen, uns in Diskussionen auszutauschen.

Ein paar Schritte später können wir dann herausarbeiten, welche Gestalt gemeinschaftliche Ordnungen grundsätzlich annehmen sollten – wie die Gemeinschaft verfasst sein sollte. Wir würden dann darüber reden müssen, wie die in der Verfassung niedergelegten grundlegenden Gesetze und Regelungen gestaltet sein müssten, wie die Strukturen des Gemeinwesens aussehen würden, damit wir unser Wunschgemeinwesen verwirklichen können. Doch das ist ein anderer Schritt, der hier noch nicht diskutiert werden soll. Jetzt – hier in diesem Buch – geht es zuerst darum, die Gedanken anzustoßen. Es geht um das Konzept, letztlich um die ideell-philosophische Ebene, die, verdeckt oder offen, jeder Staatlichkeit zugrunde liegt. Diese Ebene muss zuerst verstanden sein, bevor das Ganze sich dann in rechtlicher Form niederschlägt, in der Verfassung und den nachfolgenden Gesetzeswerken.

Also, wir nähern uns diesem Themenbereich. Und – über kurz oder lang – wird klar,

---

- *dass nur über die weitgehend erfüllten Funktionen der Gemeinschaft die Ergebnisse oder Früchte entstehen,*
- *für die es einen Sinn macht, dass wir uns im Rahmen eines Gemeinwesens, Staates organisieren.*

IV. Das 6-Säulen-Modell

Also – welche Funktionen, Eckpunkte, Prinzipien oder Elemente finden wir auf der Harburg vor:

• Die Herrschaft

Vereinfacht gesagt: Jemand ist da, der abwägt und Entscheidungen trifft. Diese Person, dieses Gremium fasst Ziele ins Auge, erlässt Bestimmungen und verfolgt die Ziele. Auf der Harburg war der Fürst zu Oettingen-Wallerstein Herrscher.

• Der Schutz

Einen gut sichtbaren Schutz für die Teilnehmer bieten die dicken, hohen Mauern der Burg.

• Die Gemeinschaft

„Wir sind die Harburger". Alle sind demselben Fürsten untertan. Es gibt ein Empfinden gegenseitiger Verantwortung. Es existiert ein gemeinsam genutzter Raum – die Ländereien der Harburg. Es gibt eine gemeinsame Verantwortung.

• Das Tätig Sein

Um das tägliche Überleben zu sichern und darüber hinaus gehende Wünsche zu erfüllen, wird gearbeitet. Es werden die lebensnotwendigen oder gewünschten Produkte hergestellt und notwendigen oder gewünschten Dienstleistungen erbracht.

• Der Austausch

Gerechter, ehrlicher Austausch ist eine primäre Grundlage

von Leben und Frieden. Es wird nicht gestohlen oder betrogen, sondern die Leistungen und Produkte werden auf einem freien Markt auf freiwilliger Basis getauscht. Was der Natur genommen wird, wird ihr auch wieder gegeben.

▪ Die Nachbarschaft

Es gibt benachbarte Fürstentümer. Gut nachbarschaftliche Beziehungen werden mit ihnen unterhalten und gepflegt.

Weitere Elemente wird es zu entdecken geben. Die sechs hier genannten Bereiche würde ich jedoch als die Schlüsselbereiche ansehen.

In dem Maße, wie diese 6 Elemente

- *korrekt definiert (V. – XI. Kapitel),*
- *danach in Form von Gesetzen kodifiziert (XII. Kapitel) und*
- *dann tatsächlich in Anwendung (XII. Kapitel) sind,*

---

ist Qualität im Gemeinwesen – für Individuen und die Gemeinschaft – erreichbar.

Korrekt definiert

In den folgenden Kapiteln soll nun zuerst der Schritt gemacht werden, diese Elemente „korrekt zu definieren". Denn mit den einzelnen Elementen verhält es sich wie mit einem scharfen Messer. Das Messer kann zum gewaltsamen Stich ins Herz verwendet werden, also zu Zerstörung. Es kann aber auch eingesetzt werden, um die Kartoffeln in Scheiben zu schneiden, bevor sie gebraten werden. Der Stich in das Herz ist das Grauen, die knusprigen Bratkartoffeln sind das Vergnügen.

So genügt es also nicht, die einzelnen Elemente für ein besseres Gemeinwesen nur aufzuzählen. Die Auswirkungen von Herrschaft können das Grauen oder das Vergnügen hervorbringen. Wird das Messer – die Herrschaft – gemieden, um das Grauen zu verhindern, so gibt's auch keine Bratkartoffeln mehr. Oder die Mauer – falsch definiert wie in der DDR – bietet keinen Schutz. Gemeinschaft so verstanden, dass „Jedem" „Alles" gehört, oder dass Individualität und persönliche Freiheit verpönt sind, ist schlimmer als ein zu enges Korsett. Und Zwangsarbeit wäre eine Perversion von Tätig Sein.

Also ist zu untersuchen, wozu genau die Elemente dienen sollen, in welchem Sinne sie wirken sollen. Damit wir nicht das Messer zwischen den Rippen haben, sondern die Bratkartoffeln auf dem Teller. Es ist elementar für die Qualität unserer Gemeinschaft, dass zukünftig möglichst viele Gemeinschaftsmitglieder am Definieren und damit an der Ausgestaltung der Elemente mitwirken. Das Definieren muss ein fortlaufender, ständiger Prozess werden, durch das die Qualität des Gemeinwesens sich weiter und weiter verbessert.

Im Sinne einer Starthilfe möchte ich nun zu den Elementen erste, zunächst wohl unvollständige Beschreibungen anbieten:

V. Die Herrschaft

Das Wort „Herrschaft" bedeutet lt. „Wahrig Wörterbuch": ... *Befehlsgewalt, Regierungsgewalt, Macht.*

Ich vermute, dass das Gebiet, das der Begriff „Herrschaft" abzudecken versucht, überaus missverstanden – oder aber nicht wirklich ausreichend beschrieben und definiert ist. Missverständnisse – und ein fortwährender Missbrauch der Herrschaft – können dann für das gespaltene Verhältnis sorgen, welches wir zum Begriff „Herrschaft" und zu den zeitweiligen Vertretern der Herrschaft, zum Beispiel Regierungen, haben.

Dabei ist das Beherrschen überaus wichtig. Ein Fahrzeug, das nicht gelenkt wird, landet unweigerlich im Graben. Und wer nicht weiß, wo er hin will, ist ein Spielball in den Wellen des Schicksals.

Der Geschichte entnehmen wir Beispiele für „gutes" Herrschen (führt zu Überleben und Wachstum) und „schlechtes" Herrschen (führt zu Schrumpfung und Zugrundegehen). Es ist eine Schicksalsfrage für Individuen, für Familien, für Gruppen von Menschen sowie für ganze Völker.

Lassen Sie mich zuerst einige Bausteine benennen, aus denen sich „gutes Herrschen" zusammensetzt:

- *Ein klar umrissenes, konkretes Gebiet, ein bekannter Bereich oder ein vorher beschlossenes Projekt ist der Gegenstand, über das / den geherrscht wird.*

Ein konkretes Gebiet wäre der Freistaat Bayern – oder wenn Ihnen das besser gefällt – die Stadt Stuttgart. Ein bekannter Bereich könnte die Justiz sein, die gesamten Angelegenheiten der Justiz. Ein Gegenstand, der beherrscht werden sollte, ist, zum Beispiel, eine Firma. Der Gegenentwurf, also ein Baustein schlechten Herrschens, ist zu bemerken in einer sich aufblähenden Europäischen Union – in Zusammenhang mit den sich erweiternden Herrschaftsgebieten (z.B. Wirtschaftsregierung, Fiskalunion), die sie an sich reißt.

- *Das Ziel der Herrschaft ist allgemein bekannt.*

In einer Firma würde das bedeuten, dass allgemein bekannt wäre – den Mitarbeitern und den Kunden – dass das Unternehmen die beste Zahnpasta herstellt; ein Produkt nämlich, das die Mundflora nicht stört und gleichzeitig die Karies ausschaltet. Der Gegenentwurf ist ein Unternehmen, das sich mit „den weißesten Zähnen" darstellt, über unerwünschte Nebeneffekte aber nicht spricht. Die ganze Aktivität dient jedoch in Wirklichkeit nur dazu, den Investoren fette Gewinne zufließen zu lassen.

- *Es ist die Absicht der Herrschaft, dem Gebiet, Bereich oder Projekt zu dienen.*

Herrschen bedeutet also, für ein Gebiet da zu sein, zuständig und kompetent. Der Stadtrat von z. B. Stuttgart fliegt also nicht in der Gegend herum oder lässt sich feiern. Er sorgt mit seinen Entscheidungen schlicht dafür, dass die Dinge in Stuttgart richtig laufen, für Stuttgart und die Stuttgarter.

- *Der Dienst besteht darin, dem Gegenstand, über den geherrscht wird, zu helfen. Als Hilfe anzusehen ist alles, was dazu beiträgt, dass der Gegenstand bestehen bleiben kann.*

- *Die Herrschaft hilft dem Gebiet dann, seine Qualitäten zu erkennen und sie weiter auszubauen. Gleichzeitig hilft die Herrschaft, dass neue Qualitäten hinzugefügt werden (können).*

Schaffenskraft ist eine der Qualitäten in der Bundesrepublik Deutschland. Damit in Verbindung steht hohe Produktivität. Vor wenigen Jahrzehnten noch hatten wir sehr gute Bildungs- und Ausbildungsstandards, eine Qualität, die uns geholfen hat, beachtlichen Lebensstandard und erfreuliche Lebensqualität zu erreichen. Über einige Zeit erfreuten wir uns der Qualität von relativ stabilen politischen Verhältnissen. Eine neue Qualität, die hinzugefügt werden könnte, wäre ein ansteigender Standard bezüglich Umweltschutz und Nachhaltigkeit. Das Experiment, eine europäische Gemeinschaftswährung einzuführen, ist ein Gegenentwurf. Für die Menschen in der Bundesrepublik ist der Euro weder etwas Eigenes noch eine Hinzufügung von Qualität.

*• Die Herrschaft ist vorausschauend und aktiv handelnd. Sie ist
in der Lage und bereit, alles bereitzustellen oder entwickeln zu
lassen, was für das Vorankommen des beherrschten Gebietes
oder Projektes notwendig ist.*

Aktiv handelnd zu sein, bedeutet, die eigenen Qualitäten zu
schützen und auszubauen. Die Bundesregierung würde also
Geld in Ausbildung investieren, in die Förderung gesunder
Ernährung oder Dezentralisierung der Energieversorgung. Sie
würde Regelungen finden, welche die Schaffenskraft belohnen. „Die Herrschaft" würde auch ermitteln wollen, wo das
Fehlen von Faktoren oder Regelungen das Gebiet schwächt –
und das zeitnah korrigieren. Eine rechtzeitige Ausrichtung auf
das Wohl der Familie z. B. hätte geeignet sein können, spätere,
demographische Probleme zu vermindern oder zu vermeiden.
Der Gegenentwurf wäre das (späte) Reagieren auf den demo-
graphischen Wandel, mit vermeintlichen Lösungen wie dem
ungebremsten Zuzug von Menschen aus fremden Ländern, in
der irrigen Ansicht, deren noch ungeborene Kinder würden
dann unsere Rente erwirtschaften können (wollen).

*• Die Herrschaft behält die Herrschaft, sie teilt sie nicht und dele-
giert nur darunter liegende Aufgabenbereiche.*

„Alle Macht geht vom Volke aus" – so heißt es im Grundgesetz. In der heutigen Zeit würden wir eher von „den in einem
Gebiet ansässigen Menschen" sprechen, und diese als Ausgangspunkt der Macht definieren. Das Grundgesetz drückt
also – wenn auch etwas ungenau oder schwammig – aus, dass

die Herrschaft in Händen der im Gebiet der Bundesrepublik Deutschland ansässigen Menschen liegt. Das Herrschaftsrecht liegt in den Händen der Teilnehmer.

Die dieser Regelung zugrunde liegende Wahrheit erfordert jedoch nochmals eine genauere Bezugnahme: Die Macht geht von jedem einzelnen Menschen aus. Die Macht der Menschen in diesem Land ist also die Summe der Macht jedes Einzelnen – und nicht lapidar „die Macht des Volkes". Diese Formulierung im Grundgesetz ergibt nicht genügend Distanz zu der Zeit vor 1945.

Den eindeutigen Gegenentwurf dazu – also schlechtes Herrschen – liefert allerdings auch unser Grundgesetz. Es bestimmt, dass die Machtausübung explizit in den Händen gewählter Volksvertreter und gewisser Akteure im Rahmen des Parteiengefüges liegt. Das Gesetz regelt gleichzeitig, dass diese Damen und Herren nur ihrem Gewissen verpflichtet sind. Da aber Gewissensdinge sehr relativ sind, öffnet sich hier für Herrschaftsmissbrauch und Willkür ein ganzes Scheunentor.

Man könnte das so verstehen: Über die Wahl des Kandidaten, der Partei auf der Wahlliste überträgt der Einzelne seinen eigenen Herrschaftsanteil auf einen Vertreter. Es handelt sich im juristischen Sinne also um eine Art von Vollmacht. Vereinfacht gesagt: Wenn genügend Einzelne ihre Vollmacht an einen Kandidaten oder eine Partei geben, dann entsteht daraus eine Abgeordnete, ein Abgeordneter. Und diese Leute stimmen nun ab im Bundestag, mit all den sich daraus ergebenden Konsequenzen.

Leider ist diese Vollmacht eine Blankovollmacht. Gleichzeitig ist die Stimme für Jahre übertragen, die Vollmacht kann aber nicht mehr zurückgenommen werden. So ist es für die Abgeordneten oder Parteienfunktionäre ohne Konsequenz, Wahlversprechen zu brechen. Die Regierungsleute könnten sich aber als Hochstapler herausstellen oder als Seitenarm der Mafia. Weder die gewählten Abgeordneten noch die Regierungsleute können von den Menschen zurückgerufen, zur Verantwortung gezogen oder in Regress genommen werden. Das Instrument des Volksentscheids ist unterentwickelt und weitgehend zahnlos. Es gibt keine Erfolgskontrollinstanz für die Arbeit der Regierenden. Vielleicht wäre es besser, nicht von einem „Wahlsonntag" zu sprechen, sondern vom „Tag der gezogenen Zähne" *(Quelle: Bürgerinitiative für das Europa der Bürger)*.

Es liegt an uns, zu entscheiden, als was wir uns sehen: Wollen wir die Ein-Tages-Mündigen sein, die alle paar Jahre einen Vormund wählen in der Hoffnung, weniger Steuern zahlen zu müssen, mehr Harz 4 zu bekommen oder was auch immer. Oder wollen wir uns vorbehalten, Herr zu sein in unserem eigenen Haus. Beide Varianten sind möglich, und eine Menge Abstufungen dazwischen, beziehungsweise darüber hinaus, jeweils in Verbindung mit den direkten Konsequenzen, die unsere getroffene Wahl für uns selbst hat.

Meine Wertung ist ganz eindeutig: Für die bessere Zukunft wäre es notwendig, dass wir selbst in Verantwortung bleiben, dass die Macht auf viele Schultern verteilt verbleibt. Das Experiment: „Leben Sie, wir kümmern uns um den Rest" – müssen wir als gescheitert betrachten.

Herrschen hat zu tun mit freiem Willen und mit der Ausübung dieses freien Willens. Ein König zum Beispiel, der nicht bereit ist und willens, zu herrschen, wird zur Belastung für sein Land. Ich übersetze das nun in die moderne Zeit:

Ein Einzelner, der nicht bereit ist und willens, seine Selbstbestimmung auszuüben, seinen Anteil an der Verantwortung für ein gemeinsames Ganzes zu tragen, ist eine Belastung für sein Land. Was erst ist von einer Regierung zu halten, von einem Bundestag, welche es nicht fertig bringen, selbst zu herrschen, sondern wesentliche Herrschaftsrechte – auf dem Wege internationaler Verträge – nach Brüssel auslagern?!

Herrschaft hat klare Aufgaben: Sie sorgt für lohnenswerte Ziele bzw. findet diese, schafft eine zweckmäßige Ordnung und organisiert sich in Hinsicht auf die Ziele, kümmert sich um gute Funktion. Sie stellt Gerechtigkeit und Freiheit sicher.

Dies ist nicht deckungsgleich mit den Gremien, die derzeit in Deutschland oder in der EU die Herrschaft ausüben: Die ausführende Gewalt – also Regierung mit ihren Behörden und die Polizei. Die gesetzgebende Gewalt – also das Parlament, der Bundesrat. Ich möchte die Rechtssprechung noch hinzufügen, also die Gerichte.

Wenn wir von einer freiheitlichen, wirklich modernen Rechtsform sprechen, so liegt die oberste oder ultimative Herrschaftsgewalt über ein Gemeinwesen in den Händen der verfassungsgebenden Versammlung. Das ist das Gremium, welches die *Eckpunkte* des Gemeinwesens festlegt. Es definiert die *Funktionen* innerhalb der staatlichen Ordnung, legt fest, in welcher Form sie ausgeführt werden müssen. Dieses Gremium müsste sogar in Verantwortung darüber bleiben, inwieweit das gemeinschaftliche System, die gemeinschaftliche Ordnung mittels ihrer Vertreter die gewünschten *Ergebnisse* liefert. Es müsste „die Politik kontrollieren" und in den definierten Schranken halten *(Quelle eigentlich: Verfassungsentwurf „Bürgerinitiative für das Europa der Bürger").*

Nach der Wiedervereinigung hätte – laut ursprünglichem Grundgesetz – für das vereinigte Deutschland eine neue Verfassung erarbeitet werden müssen. Helmut Kohl – als Agent fragwürdiger Interessen – hat uns verraten. In seiner Regierungszeit und mit seiner Hilfe wurde eine Art supranationaler Verfassungsersatz (Verträge von Maastricht und folgende) geschaffen, an den Völkern Europas vorbei. Diese Verträge definieren weitgehend das System bzw. die Ordnung in den beigetretenen Ländern. Nach meinem Empfinden hat der Deutsche Bundestag mit seinen Zustimmungsgesetzen – über die teilweise Zersetzung der Bundesrepublik Deutschland – bei Weitem seine Zuständigkeiten überschritten.

Die Herrschaft ist die erste Funktion, Element Nr. 1, die ein Gemeinwesen hat. Leider ist die positive Sinnhaftigkeit des Herrschens in meinem Geburtsland inzwischen weitgehend verloren gegangen. Unsere „Repräsentanten" sind mit ihrem eigenen Machterhalt und mit Spiegelfechtereien beschäftigt. Sie dienen Interessengruppen, wie z. B. den Banken. Sie sind, was Herrschen anbelangt, schwache Dilettanten.

Für eine bessere Zukunft brauchen wir eine akribische Überprüfung der Ausgestaltung der Herrschaftsfunktion. Zumindest aber benötigen wir die Einführung von wirksamen Initiativrechten für die Bürger, von Volksentscheiden, damit zumindest die Möglichkeit des letzten Wortes bei uns Bürgern bleibt. Wir brauchen darüber hinaus eine Verfassungsaktualisierung und Verfassungspflege, die sich außerhalb der Verfügungsgewalt unserer politischen Klasse befindet. Ich denke also, nicht die Politiker sollten die Verfassung ständig ändern, sondern die Bürger sollten die Verantwortung und die Gewalt über ihre Verfassung behalten. Die Defizite, die die niedergeschriebene Macht des Volkes – also der Teilnehmer an diesem Gemeinwesen – in die Leere laufen lassen, müssen beseitigt werden. Die Macht der ausführenden Organe gehört über eine klare Beauftragung in die Richtung gelenkt, mit der die Menschen übereinstimmen wollen. Ansonsten gehört sie begrenzt, anstatt dass umgekehrt die Grundrechte der Bürger abgebaut werden.

Und dann wollen wir wieder Raum geben für die Menschen mit Visionen, mit positiven Visionen für *unseren* Staat. Und rege, freie Diskussion über *alle* mögliche Zukunft.

VI. Der Schutz

Die Funktion des Schutzes ist bei der Harburg wirklich offensichtlich. Schon von Weitem sehen Sie die Mauern, die die Bewohner vor den äußeren Feinden schützen sollen. Und in der Burg sind weitere Verteidigungsanlagen zu finden, mit denen die Wehr die Burg gegen den Ansturm der äußeren Feinde halten kann.

Solange es „Feinde" gibt, muss eine wirksame „Verteidigung" vorgehalten werden.

Denken Sie nun bitte nicht, die unablässig in den Medien präsentierten üblichen Verdächtigen stellten die größte Bedrohung dar. Die NPD hat nämlich nichts zu tun mit dem Lohndumping, unter dem große Teile unserer Bevölkerung leiden. Der internationale Terrorismus ist nicht Urheber des Kaufkraftschwundes, der unser sauer verdientes Geld entwertet. Auch kann die italienische Mafia nicht für die ausufernde Staatsverschuldung verantwortlich gemacht werden.

Ich für meinen Teil würde mir aber einen effektiven Schutz gegen Lohndumping, gegen Geldentwertung und gegen ausufernde Staatsverschuldung wünschen. Erhalt von gemeinschaftlichem und privatem Eigentum ist ein wichtiges Gut. Und die Variante, über eigene Arbeit genug Geld für den Lebensunterhalt der Familie zu verdienen, ist für die eigene Würde von hohem Wert.

Welches also sind die Güter, welches sind die Werte, die es zu schützen gilt? Wohin gehört die Aufmerksamkeit?

Um die richtigen Schutzwälle errichten zu können, muss zuerst einmal betrachtet werden, *wer geschützt* werden soll, um wessen Schutz es hier überhaupt geht.

Dann muss betrachtet werden, *welche Belange, also welches Gut, welche Güter*, die zu diesem „*wer*" gehören, geschützt werden sollen.

Ein Beispiel: In erster Linie hat unser Element Nr. 2, der Schutz, dem Gemeinwesen selbst *(wer)* zu dienen. Der Schutz muss die Funktion haben, dass unser Gemeinwesen unbeschadet bleibt. Dazu gehört primär, dass unser Element Nr. 1, die Herrschaft oder die Beteiligung des Einzelnen an der Herrschaft *(das Gut)*, nicht gemindert, ausgehöhlt, ausgelagert oder beseitigt werden kann. Dazu gehört, dass das Element Nr. 3, Gemeinschaft *(das Gut)*, unangetastet bleiben wird. Gemeinschaft besteht im Rahmen gemeinsamer Kultur, gemeinsamer Sprache, gemeinsamer Geschichte, gemeinsamer Ziele und gemeinsamer Weltanschauung. Gemeinschaft entsteht nicht synthetisch im Chemie-/EU-Labor oder durch eine auferlegte Zwangswährung. Sie ist kein durch Obrigkeitserlass erzeugbares Gut.

Nur für die Dinge oder Bestandteile, denen ein Wert beigemessen wird, ist ein Schutzanspruch sinnvoll. Wenn wir also in der Lage sein wollen, sinnvolle Schutzmaßnahmen zu etablieren, dann müssen wir zuvor in der Lage sein, Wichtiges von Unwichtigem und Wertvolles von Wertlosem zu unterscheiden. Dazu braucht man Nüchternheit, Unabhängigkeit, gute Bildung, Transparenz und Raum für freie unzensierte Diskussion. Über das Erkennen von Zusammenhängen kommt es zu einer vernünftigen Einschätzung. Alkopops konsumierende Kinder sind hier kontraproduktiv und Gastronome, die Komasaufen verkaufen, müssen als Feinde erkannt werden.

Hier wird offenkundig: Sobald wir bereit sind, einem Element seinen ihm zustehenden Platz einzuräumen, so werden in der Folge weiter reichende Zusammenhänge und Erfordernisse sichtbar. Auch werden die „Feinde" sichtbar. Wenn wir „unser" Element Nr. 2, den Schutz, pflegen wollen, so führt das zu weiteren Konsequenzen.

Aktuell, im Jahre 2012, wird immer wieder die Bedeutung von Wirtschaft und Wachstum betont. Die Banken sollen gerettet werden, ganze Staaten (Gemeinwesen) sollen gerettet werden. Daraus, dass derzeit Rettungsmaßnahmen unumgänglich erscheinen, lässt sich schließen, dass in der Zeit davor „der Schutz" vernachlässigt wurde. Die aktive Tätigkeit des Schützens wurde in den vergangenen Jahren und Jahrzehnten vernachlässigt. Wir erleben hier die unmittelbaren Folgen der Vernachlässigung unseres Elements Nr. 2.

Dass die Menschen in Deutschland nun in die Pflicht oder besser gesagt in Haftung/Zwangsbürgschaft genommen werden sollen, um ganze Staaten zu retten, offenbart eine grundlegende Fehlkonstruktion unseres politischen Gebäudes: Griechenland ist eigentlich „ein Nachbar" (ist unter dem Element Nr. 6 Nachbarschaft einzuordnen – ich greife hier vor). Der Nachbar wurde aber über seine EU-Mitgliedschaft zum Familienmitglied umgewidmet. Wir hier in diesem Lande haben unser eigenes Gemeinwesen eingetauscht bekommen gegen die Segnungen der EU-Mitgliedschaft, einer konstruierten Schicksalsgemeinschaft. Das verstößt – ich greife wieder vor

– gegen das Element Nr. 3, Gemeinschaft. Die Gemeinschaft ist nämlich keine beliebig veränderbare oder formbare Masse, und sie ist explizit nicht veränderbar gegen den Willen eines wesentlichen Teils ihrer Mitglieder.

Lassen Sie mich nun weitere Bestandteile aufzählen, die noch zum Element Nr. 2 gehören:

Ja, die eigene Armee gehört dazu, die Landesverteidigung, Freundschaftsverträge und Kooperationen mit den Nachbarn. Anstand und Gerechtigkeit im Umgang mit anderen Ländern gehört dazu, und, für alle Fälle, gewisse diplomatische Abteilungen der Regierung – Auslandsaufklärung (Geheimdienst) zum Beispiel.

Benötigt wird auch ein Schutz gegen einen möglichen Feind im Inneren – also gegen einen Feind innerhalb der Gemeinschaft, innerhalb des Gesellschafts- und Wirtschaftsraumes. Ich meine hiermit zum Beispiel die Funktion der Polizei, die Staatsanwaltschaft und die Gerichte, deren Aufgabe es ist, die Feinde im Inneren aufzuspüren, sie festzusetzen und einer gerechten Vergeltung zuzuführen. Das sind die Leute, die sich um die Diebe, Mörder und/oder Betrüger kümmern, welche einem Einzelnen oder der Gemeinschaft Schaden zufügen oder zufügen könnten. Zum Schutz gehört auch die Gesetzgebung. Sie hat die Aufgabe, Regelungen, Gesetze gegen das Verbrechertum zu erlassen und damit die Anständigen und produktiven Mitglieder der Gemeinschaft zu schützen.

Also ist alles in Butter, haben wir ja, die Säule ist intakt? Die Bundeswehr verteidigt uns in Afghanistan und wir kriegen ständig neue Gesetze im Kampf gegen den Terror?!

Hier scheint es einen kleinen Irrtum zu geben. Waren die Leute der Harburg denn damit beschäftigt, unter dem König von Spanien, ihrem „Verbündeten", in der neuen Welt, also Amerika, den Indianern in eine bessere Zukunft zu helfen?

Hätte die Harburg überlebt, wenn sie Gesetze zur Kontrolle der eigenen Bevölkerung ständig verschärft hätte, also ein Errichten von Barrieren statt von Schutzwällen, wenn sie die Grundrechte der Menschen eingeschränkt hätte? Wenn sie verschiedensten – von Wirtschaftsanwälten zum Zwecke der Liberalisierung, der Privatisierung und des Freien Kapitalverkehres verfassten – Verträgen beigetreten wäre? Mit einer wachsenden Reihe von Fürstentümern nah und fern in eine Art von Zirkel oder noblen Verein gegangen wäre, mit der Herrschaft zehn Tagesreisen entfernt z. B. in Hannover? Hätten sie verstanden, dass der Dorfmetzger seine Existenz verliert, weil da inzwischen der Großmetzger aus Augsburg sitzt? Zuerst der Metzger, dann der Bäcker, dann der Schneider, dann der Schuster – und so weiter und so fort. Wenn sie die Kontrolle über den eigenen Staat in fremde Hände gegeben hätte?

Nein, das dient eindeutig nicht dem Schutz der eigenen Bevölkerung.

Also: Bezüglich des Schutzes, den der Staat zu gewährleisten hat, geht es in erster Linie um die eigenen Mitglieder. Und es geht in erster Linie um die normalen Menschen, die zu schützen sind. Es geht nicht um die Interessen irgendwelcher Großbauern, Großviehhändler, Großmühlen, Großbäcker, Großschmiede, die ihren eigentlichen Sitz noch nicht einmal in Harburg haben.

Früher, zur Zeit der Harburg, hätte man das, was heute geschieht als Verrat erkannt. Ich meine damit EU, WTO, Weltbank, Internationaler Währungsfond und so weiter, diese derzeitigen, unseligen internationalen Koalitionen, insofern sie der Förderung von Sonderinteressen dienen. Die Rädelsführer dieser Systemveränderung wären sicher sogleich angemessen bestraft worden.

Auch wenn ich mich wiederhole: Schutz bedeutet zum Beispiel, dass die Kontrolle über die eigenen Angelegenheiten auch im eigenen Hause bleibt. Ein Herrscher, der seine eigene Herrschaft nicht bereit ist zu schützen, sondern sie aufgibt, ist ein Dummkopf – und um sein Land ist es schlecht bestellt.

Wo sind die wirklichen Werte, was soll denn geschützt werden?

Die Möglichkeit zur Existenz in Würde für die eigenen Bürger. Das Eigentum der Bürger. Die Familien der Bürger. Die freie Zukunft und Selbstbestimmung der Bürger und die der kommenden Generationen. Der Lebensraum des Landes. Die Ressourcen. Die Technologie. Die gemeinsamen Besitztümer. Die Gesamtheit der Natur. Die eigene Kultur. Hier muss es genügend Vernunft geben, Gesetze geben und eine ausführende Gewalt.

Unsere Regierung sollte sich weniger um den Terrorismus kümmern und mehr darum, zu welchem Spielcasino unsere Bankenlandschaft verkommen ist. Ist es denn gerecht, dass Banker oder Aufsichtsorgane Hunderte von Milliarden verspielen können, weil es keine Regeln gibt, die das verhindern? Der Schutz für den Bürger fehlt. Es gibt keine wirkliche Aufsicht, also keine Kontrolle – und keinen Paragraphen im Strafgesetzbuch. Der Schaden, der uns allen entsteht, ist tausend Mal so groß wie die Bedrohung durch den internationalen Terrorismus. Verfall von Altersvorsorge, Lebensversicherungen, Volksvermögen, Wirtschaftskraft, Arbeitsplätzen – und so weiter.

Die Leute in der Regierung beschäftigen sich teilweise mit den falschen Themen.

VII. Die Gemeinschaft

Warum nun ist „Gemeinschaft" eines der 6 Elemente für eine bessere Welt? Wie wird dieser Gesichtspunkt, wenn er seine Rolle im Leben spielt, die Qualität des Gemeinwesens, des Staates verbessern?

Jeder kennt diesen berühmten Sack Reis, der in China umfällt. Wenn wir nun daran gewohnt wären, Zusammenhänge zu erforschen und aufzudecken, dann wären wir auch in der Lage, die richtige Ursache für dieses Ereignis zu finden. Wir könnten dann möglicherweise feststellen, ob es etwas mit uns, mit unserem Handeln, zu tun hat, dass dieser besagte Sack umfällt. Wir müssten nur den Mut, die Intelligenz und den Weitblick haben, die mögliche Verbindung zwischen uns und dem Sack Reis zu finden. In der Tat ist es so, dass es für jede Erscheinung eine Ursache gibt und zwar unabhängig davon, ob wir uns ihrer bewusst sind oder nicht.

Um dem Element „Gemeinschaft" den richtigen Platz, die tatsächliche Wichtigkeit und angemessene Bedeutung zuweisen zu können, müssen wir die zu ihm gehörenden Zusammenhänge finden. Wir müssen untersuchen, in welcher Gestalt sich die Verwirklichung von Gemeinschaft in der tatsächlichen Ausformung unserer Gesellschaft niederschlagen wird.

Wenn nun für einen Teil der Menschheit „die Gemeinschaft" zu einem abstrakten Begriff geworden ist, diese Personen sich also mit einer Gemeinschaft nicht mehr identifizieren wollen, so glaube ich doch, dass bezüglich des Ideals, „in Frieden zu leben", eine hohe Übereinstimmung besteht. Was hat das nun mit Gemeinschaft zu tun?

Laut Duden bedeutet das Wort Gemeinschaft:

- *das Zusammensein, das Zusammenleben in gegenseitiger Verbundenheit*
- *Gruppe von Personen, die durch gemeinsame Anschauungen oder Ähnliches untereinander verbunden sind*

Nach dieser Definition, „gemeinsame Anschauungen", ist nun der Teil der Menschheit, der das Friedensideal verfolgt, in einer Gemeinschaft, unabhängig davon, ob diese Leute am selben Ort oder im selben Land leben. Das gemeinsame Ziel bewirkt eine Art von Verbundenheit, ein Gefühl von Zusammengehörigkeit. Über das gemeinsame Ziel sind wir uns ähnlich, verbunden in gegenseitigem Interesse. Aufgrund gemeinsamer oder ähnlicher Anschauungen kommen wir leichter ins Gespräch miteinander. Verständigung ist möglich. Es bedeutet aber nicht, dass all diejenigen, die „in Frieden leben" wollen, nun zwangsläufig im selben Haus wohnen müssen. Frieden hat ganz andere Ursachen als ganz banal „das gemeinsame Haus" (z. B. in Hinsicht auf Frieden in Europa).

Jetzt gibt der Duden eine weitere Definition für Gemeinschaft:

- *durch ein Bündnis zusammengeschlossene Staaten, die ein gemeinsames wirtschaftliches und politisches Ziel verfolgen*

Zu dieser Definition stellt sich folgende Frage – unter Inaugenscheinnahme der aktuellen politischen Landschaft (EU, One World, Welt Parlament, Neue Welt Ordnung):

Ist das Bündnis, das geschlossen werden soll, ein ideologisch / politisch motiviertes Projekt, vorangetrieben über die Agenda einer abgeschotteten politischen „Elite"?

Oder streben die Menschen aus den einzelnen Untergemeinschaften (Länder, Staaten) selbst ein Bündnis an – ist es also ein Projekt der Menschen? Gibt es tatsächlich vorliegende Gemeinsamkeiten und / oder Übereinstimmungen, aus denen heraus ein Bündnis Sinn macht?

Dann müssten nämlich diese Übereinstimmungen nicht erst erzeugt werden und von Politik und Medien mit viel Promotion, sorgfältigem Product Placement und Getöse in die Weltanschauungen der Leute hinein gewaschen werden.

So oder so sind die Menschen aus den teilnehmenden Untergemeinschaften (Ländern) danach auf Wohl und / oder Wehe miteinander verkettet. Wir erleben das schmerzlich am „Euro" und seiner verlogenen „Rettung". Das wird zur Konsequenz, nachdem „wir alle Eins miteinander" werden mussten.

Wie kann es üblich sein, dass Medien Zwangseheschließungen (nicht die zukünftigen Partner wählen sich aus, sondern ihre Eltern entscheiden) mit hoch erhobenem Zeigefinger kritisieren, während es ein Tabuthema ist, dass die „Familie Deutschland" weitgehend aufgelöst ist. Wir sind inzwischen in einer multikulturellen Großfamilie gelandet, wo die „Geschwister" nicht einmal dieselbe Sprache sprechen.

Wenn es genügend Gemeinsamkeit, gemeinsame Zielsetzungen gegeben hätte, dann wäre ein europäisches Bündnis – nach freier Diskussion mit anschließender Volksabstimmung für die Menschen in allen beteiligten Ländern – ins Leben gerufen worden.

Über kurz oder lang werden die eigentlich verschiedenen Geschwister beginnen, miteinander zu streiten. Der Akt der „Harmonisierung" ist in Wirklichkeit ein Akt der Gewalt. Zwar scheint er erforderlich zu sein, um diese Abart von Gemeinsamkeit hervorzubringen, Gemeinsamkeit ist jedoch ein Ausdruck von Freiwilligkeit. Gemeinsamkeit existiert nur in Freiheit – oder aber im Unglück.

Allein schon aus diesem Blickwinkel gefährdet die Konstruktion „Großfamilie", deren Mitglieder untereinander nicht einmal nahe verwandt sind, den Frieden in Europa.

In der Konsequenz aus dem, was ich hier schreibe, möchte ich anregen, die Gemeinschaften / Gemeinwesen nicht nur zu vergrößern, sondern sie auch zu verkleinern. Neue Wege müssen hier gefunden werden, neue Modelle entwickelt werden. Damit die Dicken sich mit den Dicken zusammentun können und die Kleinen mit den Kleinen (bildhaft gesprochen). Ich weiß, jetzt mag ein Aufschrei kommen, geboren aus der über lange Zeit festgefahrenen Meinung und aus dem Mangel an Konzepten, wie das geschehen könnte.

Bevor Sie nun, lieber Leser, mich für mein Ansinnen verurteilen, möchte ich Sie bitten, mein Plädoyer zu hören:

Die Kernfrage ist also, ob ein realistisches, wirklich gemeinsames, wirtschaftliches oder politisches Ziel existiert, ein Ziel, das für den gewöhnlichen Menschen genauso fassbar und wirksam ist wie das Ideal des Friedens.

Also, machen wir es uns einmal nicht so schwer. Nehmen wir die 2. Definition: Gruppe von Personen, die durch gemeinsame Anschauungen oder Ähnliches untereinander verbunden sind.

Was würde dies bezüglich unseres Harburg-Modells bedeuten? Schauen wir mal.

Die Harburger – die Leute kennen sich gegenseitig. Sie sprechen dieselbe Sprache. Sie sind vielleicht sogar miteinander verwandt. Jeden Sonntag treffen sie sich in der Kirche. Der eine ist Metzger, der andere Bäcker. Sie brauchen sich gegenseitig, damit jeder ein Wurstbrot bekommen kann. Sie haben dieselbe Schule besucht. Vielleicht gehen sie zusammen zum Angeln an die Wörnitz. Sie stehen gemeinsam hinter der Festungsmauer, um die Burg zu verteidigen. Idealerweise würden die Menschen gegenseitige Zuneigung und Verantwortung empfinden. Sie stehen gemeinsam unter demselben Gesetz.

Ich könnte jetzt noch viele weitere Punkte aufzählen. Oder um das Pferd von der anderen Seite aus aufzuzäumen:

Sind wir betroffen, wenn ein Nachbar ums Leben kommt? Wohl schon.

Sind wir betroffen, wenn einer ums Leben kommt, der aus unserem Stadtteil stammt, den wir aber nicht kennen? Wohl schon deutlich weniger.

Sind wir betroffen, wenn ein Mensch am anderen Ende der Welt stirbt?

Wenn die Nähe abnimmt, sei es räumlich – oder auch bezüglich der Lebenseinstellungen, der Kultur – dann nimmt im Allgemeinen auch die Gemeinschaftlichkeit ab, das gemeinsame Interesse. Und wenn die Nähe zunimmt, rein entfernungsmäßig in Metern gemessen oder bezüglich der Ideenwelt, wenn es Gemeinsamkeiten gibt, dann nähern wir uns der Gemeinschaft.

Wie wollen wir in Gemeinschaft sein mit den Muslimen, die eine fremde Religion leben; sie kommen aus einem anderen Kulturkreis, sie haben andere Sitten und Gebräuche, sie haben eine fremde Sprache. Und so jemand zöge nun in die

Wohnung neben uns. Sie leben laut. Wenn gekocht wird, zieht der Knoblauchduft bis in unser Schlafzimmer. Die Frauen tragen ein Kopftuch. Eine andere Welt. Und nun beginnen die Reibungen. Der eine versteht den anderen nicht, es gibt also zusätzlich Missverständnisse. Wie soll hier Gemeinschaft entstehen können?

Natürlich gibt es auch hierfür gute Lösungen. Wenn der Muslim und der Christ herausfinden, was sie gemeinsam interessiert, was der eine mit dem anderen teilen will, dann beginnt Gemeinschaft zu entstehen. Vielleicht beginnen sie, gemeinsam Musik zu machen. Oder sie spielen im Sommer zusammen Federball. Oder sie finden in einem Gespräch heraus, dass es eine Menge gemeinsame Punkte gibt in den beiden Religionen. Oder sie sind einfach Kollegen in derselben Firma und arbeiten zusammen, sie geben sich gegenseitig Wertschätzung, weil jeder weiß, dass der andere einen guten Job macht. Sie suchen das Verbindende.

Wie hätte ein Muslim empfunden in Harburg, wenn seine Mitbewohner Schweine essen? Und hätten die Leute in Harburg akzeptiert, dass der Muslim Schafe schächtet?

Bitte, das soll jetzt weder bedeuten, dass der eine besser wäre oder der andere schlechter. Aber – wie bekommen wir das unter einen Hut, ohne zumindest einem von beiden Gewalt anzutun?

Wenn die Menschen zu verschieden sind, dann schwindet auch Stück für Stück die Bereitschaft, miteinander zu sein, miteinander zu arbeiten oder zu wirken. Das Interesse an gegenseitiger Verantwortung könnte dann gering sein. Und: Die Menge an Interaktion wäre gering. Es entsteht kein Leben zwischen Menschen, die sich fremd sind. Diese Menschen werden sich nicht zusammensetzen, um gemeinsame Probleme zu besprechen und zu lösen. Denn: Die Probleme sind nicht gemeinsam. Jeder bleibt in seiner Welt. Es gibt keine gemeinsame Welt.

Für eine bessere Zukunft aber brauchen wir eine gemeinsame Welt, mit der sich jeder – freiwillig und aus eigenem Interesse – identifizieren will. Und dann ist er willig und bereit, seinen Teil zu leisten bezüglich dieser Welt.

Echte Demokratie braucht Gemeinschaft. Denn in der Demokratie übernimmt die Gemeinschaft die Rolle des Souveräns. Wenn nun einer mit der Gemeinschaft nichts zu tun hat, ihr nicht angehört oder nicht angehören will, so ist er ausgeschlossen von der politischen Mitwirkung und Mitbestimmung. Das wiederum schwächt die Demokratie, die davon lebt, dass möglichst viele Leute teilnehmen, mitwirken und mitbestimmen.

Also gehört Gemeinschaft – die der Bürger, nicht die der Regierungen – gefördert und unterstützt. Gemeinschaftseigentum und Gemeinschaftsaktionen gehören gefördert, denn sie dienen dem Gemeinwohl.

Die Gemeinschaft an sich, also auch das Gemeinschaftlichsein, gehört geschützt. Damit gemeint sind z.B.: die Familie, Vereine, Gruppen wie Dorfgemeinschaften oder Firmen, Stadtgemeinschaften, die Kreise und Regierungsbezirke sowie die Bundesländer. Es ist falsch, den Weg frei zu machen für ungezügelte Privatinteressen.

VIII. Das Tätig Sein

Jeder, der mit geöffneten Augen durchs Leben geht, kann bemerken, dass Menschen üblicherweise Tätigkeiten nachgehen.

Mit der körperlichen Existenz, die wir ja haben, gehen eine Reihe von Notwendigkeiten einher: Wir brauchen – zumindest in unseren Breiten – Kleidung. Wir benötigen Nahrung. Wenn wir uns nicht mit der Rolle des Obdachlosen zufrieden geben wollen, so brauchen wir eine Unterkunft. Wir wollen soziale Kontakte. Wir wollen kommunizieren, auch über das Handy. Das schöne Fahrrad oder das praktische Auto erweitert unseren Aktionsradius. Natürlich brauchen wir für das Auto Benzin und Straßen.

Wir wünschen Sicherheit, Bequemlichkeit, Fortschritt und so weiter. Wir brauchen einen Haarschnitt und vielleicht eine schöne goldene Halskette für die Frau. Wir wollen fließend warmes Wasser und eine gut beheizte Wohnung.

All diese Dinge, die wir brauchen oder aber gerne haben wollen, wachsen nicht wie die Äpfel auf Bäumen – wo wir dann nur die Hand auszustrecken bräuchten – und das schicke, neue Cabrio plumpst nicht einfach in gewünschter Farbe, mit passender Ausstattung vor unsere Füße.

In der Tat erfordert der Entstehungsprozess dieser Annehmlichkeiten, Dinge oder Gegenstände eine Reihe von Aktionen. Dieser Entstehungsprozess benötigt auch Menschen, welche gezielt tätig sein müssen, um die Dinge her- oder bereitzustellen. Die Produkte müssen zuerst ausgedacht werden, es braucht Leute, die das organisieren. Es braucht die Arbeiter, die z.B. die Einzelteile herstellen oder das Auto zusammenmontieren. Es braucht die Bergmänner, die das Eisenerz fördern und die Leute in den Stahlwerken, die das Blech für Autokarosserien herstellen. Es braucht die Lkw-Fahrer, die Güter transportieren und natürlich die Leute, die vorher den Lkw gebaut haben. Es braucht die Männer, die die Straßen zuerst bauen und dann pflegen.

Diese zielgerichteten Tätigkeiten nennen wir „Arbeiten". Möglicherweise verbringen wir die meiste Lebenszeit neben dem täglichen Schlaf mit Arbeit.

Wenn Arbeit für die Herstellung minderwertiger Produkte verschwendet wird, so wird sie als ungeliebte Beschäftigung empfunden werden. Der Arbeit scheint dann ein nachvollziehbarer Sinn zu fehlen, sie scheint nur von einer Notwendigkeit beherrscht: Geld.

Solange Arbeit also nicht durch ihre Art und ihren Inhalt degradiert wird, kann sie eine schöpferische Tätigkeit in sich sein. Einen eigenen Charakter bekommt sie zudem als Beitrag für die anderen Teilnehmer des Gemeinwesens oder als Beitrag für das Gemeinwesen selbst. Damit gehört Arbeit nicht auf die Notwendigkeit des Geldverdienens reduziert.

Für die Ordnung unserer zukünftigen, besseren Welt gibt es bezüglich des Elementes „Tätig Sein" zumindest drei Teilaspekte:

- *der dem Element „Tätig Sein" kulturell inne liegende Wert wird anerkannt*
- *„Tätig Sein" wird als notwendiges Element des Gemeinwesens behandelt und geachtet*
- *„Tätig Sein" wird so wenig als möglich behindert, erschwert oder gar bestraft*

Der kulturelle Wert

Wir wollen erreichen, dass die Ordnung unseres Gemeinwesens zukünftig mehr Richtigkeit beinhaltet. Die Ordnung – oder das System – ist die Folge unseres Denkmusters. Bevor die Dinge beginnen können, sich in die „richtigere" Richtung zu drehen, brauchen wir also einen Wechsel unseres Denkmusters. Dieser Paradigmenwechsel muss im Bewusstsein einer gewissen Anzahl von Menschen erfolgen, dann kann er Wirksamkeit entfalten. Wir brauchen also Bewusstseinsbildung, in einem hoffentlich freiwilligen Bildungsprozess. Ein gewaltsamer Prozess ist nicht geeignet, diesen Paradigmenwechsel hervorzubringen. Und kein Regierungserlass wird die Bewusstseinsbildung ersetzen können.

Mein Vorschlag bezüglich eines Wechsels unseres Denkmusters lautet:

- *Wir müssen lernen, zu verstehen, dass wir nicht arbeiten, um Geld zu verdienen. Wir müssen lernen, zu verstehen, dass wir arbeiten, um einen Beitrag zu leisten.*

Unser Denken wird in der Folge nicht mehr um den Punkt kreisen, wie wir mehr Geld verdienen könnten. Wir werden vielmehr überlegen, wie wir die Qualität unserer Arbeit steigern können. Das hat dann die Zielsetzung, dass den Menschen um uns herum ein noch vernünftigeres Produkt zur Verfügung steht.

Wir steigen also aus aus dem Denkmuster „Mehr Kartoffeln bedeuten mehr Geld" (bedeutet mehr Kunstdünger, bedeutet ausgelaugte Böden, bedeutet Funghi-Herbicide, Tötungsmittel, bedeutet tote Mikroorganismen, bedeutet tote Böden, bedeutet noch mehr Kunstdünger, bedeutet noch mehr Erdöl und Chemie. Bedeutet noch mehr Konkurrenz irgendwo, bedeutet Wirtschaftskrieg).

Wir steigen ein ins Denkmuster „Gesundes, wertvolles Obst bedeutet einen gesunden Körper" (bedeutet mehr Wohlbefinden, mehr Leistungskraft, gesunde Kinder. Bedeutet weniger Krankenkassenbeitrag, bedeutet längeres Leben und gesunde Umwelt).

Bitte, ich spreche hier nicht nur die Lebensmittelerzeugung an, das ist nur ein Beispiel. In jedem Bereich der Arbeit gibt es Auswirkungen auf die verschiedensten Lebensbereiche, gute und schlechte, ganz abhängig von unserer Bereitschaft, die Folgen unserer Entscheidungen und unseres Handelns im Ganzen zu betrachten.

Atombomben zum Beispiel sind kein Beitrag. Man kann aber Geld damit verdienen.

Im Laufe des Paradigmenwechsels verschwinden also die Firmen, die Atombomben herstellen. Und der Charakter unserer staatlichen Verwaltungen ändert sich grundlegend, weg von der Behörde und hin zur Dienstleistungseinheit.

Der Wechsel des Denkmusters muss synchron von den zwei Parteien, die es in diesem Zusammenhang gibt, vollzogen werden: Von den Herstellern der Güter einerseits und von den Konsumenten, den Käufern oder Nutzern andererseits. Der Paradigmenwechsel bedeutet nämlich auch, dass diese beiden Parteien sich als Partner zu begreifen beginnen, in dem Bewusstsein, dass der eine den anderen bedingt – und umgekehrt. Beide sitzen im selben Boot, in Wirklichkeit für die Ewigkeit aneinandergekettet.

Mit dem Wahlspruch „Geiz ist geil" hat die Werbeindustrie auch sich selbst auf einer Lawine platziert. Sie geht gerade ab. Es wäre doch eigenartig, wenn diese Botschaft bei ihren eigenen Werbekunden nicht Wirkung zeigen würde.

Der getäuschte Konsument, der verführte Käufer wird sich der Einsicht öffnen müssen, dass der billige Preis zuerst einmal eine Selbsttäuschung ist. Unbeachtet gebliebene Nachteile, die früher oder später auf den billigen Preis folgen, die wiederum „der Preis für den billigen Preis" sind, werden ihn noch einholen. Produktverschleiß aufgrund minderwertiger Qualität zum Beispiel erfordert die Anschaffung eines Ersatzproduktes und das kostet wieder Geld. Letzteres ist eine von vielen Möglichkeiten, eine Enttäuschung zu erfahren, in Folge der vorangegangenen Selbsttäuschung.

Die Würde, die uns das Grundgesetz zubilligt, erfahren wir zum Beispiel dadurch, dass wir im Rahmen unserer Arbeit hochwertige Güter und Produkte guter Qualität herstellen.

Über die Qualität der Arbeit kann Arbeit an und für sich wieder die Wertschätzung erlangen, die ihr eigentlich zusteht.

Ein notwendiges Element des Gemeinwesens

Leider sind unsere Denkmuster nicht immer mit ausreichender Bewusstheit verbunden. Oft werden sie mittels einer verdeckten Meinungskontrolle gezielt erzeugt, unter Zuhilfenahme des zunehmenden Konformitätsdrucks, der auf uns Menschen lastet. Das Zweigespann von Globalisierung und Liberalisierung ist so ein Paradigma.

Ein Aspekt dieser fälschlicherweise gepriesenen Liberalisierung ist, dass ganze, eigentlich gemeinschaftlich auf Gegenseitigkeit angelegte Lebensbereiche der Ausbeutung durch Privatinteressen ausgeliefert werden. Die Denkweise des sich gegenseitigen Beitragens wird ersetzt durch Profitdenken. Inhalt der Liberalisierung ist, speziell die für den Finanzbereich und die Wirtschaft relevanten Entscheidungen oder Handlungen als Privatangelegenheiten zu betrachten und sie damit von ihrer Verpflichtung bezüglich des Gemeinwohls zu entbinden. Damit kommt einer gewissen Gemeinnutzverpflichtung, die unser Grundgesetz dem Privateigentum auferlegt, nur noch eingeschränkte Bedeutung zu. Tatsächlich hat sich in den einzelnen Ländern eine Zwei-Klassen-Gesellschaft herausgebildet. Der „kleine Mann" mit seinem Haus z.B. in Deutschland, mit Riesterrente, Bausparvertrag und Lebensversicherung wird in der kommenden Zeit im Rahmen des notwendig werdenden Staatsschuldenabbaus, eventueller

Währungsreform und ähnlichem sehr wohl in eine Art von Gemeinwohlhaftung genommen werden können. Sein Eigentum aber ist meist die Folge vom zuvor geleisteten „Tätig Sein". Die Freiheit des Kapitalverkehrs, mit der jegliches Kapital jeglicher Zweckbindung oder Kontrolle durch nationale Körperschaften entzogen werden kann, wird von ihm, der er hier im Lande verwurzelt ist, gar nicht genutzt werden können – ganz im Gegensatz zu den Interessengruppen, die ohne irgendeine nationale Bindung sind, die somit keinerlei Zugehörigkeit kennen und wenig Verpflichtungen unterliegen. Diese internationalen Gruppen unterliegen den nationalen Gesetzgebungen nur sehr beschränkt und gestalten sich, zum Beispiel mittels „Bilderberger"-Treffen", Davos-Gipfel" und WTO-Verträgen, ihre Rahmenbedingungen ungeniert selbst. Diese Gruppen erschaffen sich bezüglich „Tätig Sein" Privilegien. Und dem Tätig Sein wird der elementare Bezug zum Gemeinwesen genommen.

Wo vorher „Friedliches Miteinander" als Maßstab gesetzt worden war, ist der Ton nun rauer geworden: „Jeder gegen Jeden", „Alles ist erlaubt", „Der Stärkere gewinnt".

Das Element „Tätig Sein" leidet unter dieser neu beziehungsweise privat definierten Ordnung ganz besonders. Eine friedliche, gemeinwohlorientierte Wirtschaftsordnung würde sich mit fairem Handel und nützlichen Produkten hoher Qualität beschäftigen, sie würde den arbeitenden Menschen als zentralen Faktor einschließen. Innerhalb einer liberalisierten Weltwirtschaftsszenerie jedoch geht es weder um Fairness noch vorrangig um Produkte hoher Qualität. Es geht vielmehr um Absatz, um billigste Herstellung, Zentralisierung und Marktdominanz, vor dem Hintergrund die Kapitalverzinsung für die Kapitalgeber zu optimieren. Letzteres ist die zentrale

Maßgabe, die den gesamten Prozess bestimmt. Der arbeitende Mensch wird austauschbar und findet einen Aufdruck auf
seiner Gehaltsabrechnung: „Geiz ist geil!".

Es gäbe also keine Gemeinschaft mehr, sondern die Domi-
nanz der von nationalem Recht, von Anstand und Moral
befreiten Individual- oder Privatinteressen. Noch ist es nicht
ganz so weit und ich wünsche mir sehr, dass diese Abart von
„Neuer Welt-Ordnung" uns erspart bleiben wird.

In dieser „Neuen Welt" wird ein Investor danach trachten,
eine weitgehende Unabhängigkeit von den Menschen, die für
ihn tätig sind, zu erreichen. Er wird es scheuen, Verbindungen
mit ihnen aufzubauen oder einzugehen.

In einer gemeinschaftlich angelegten Szenerie hingegen sind
Verbindungen und Bindungen erwünscht. Gemeinschaft ist
als ein „gemeinsamer Lebensbereich auf Gegenseitigkeit" angelegt. Mit der Gegenseitigkeit sind natürlich die Handlungen
angesprochen: Der Eine bäckt das Brot, der Andere macht die
Wurst. Der Nächste schneidet die Haare und wieder einer un-
terrichtet die Kinder. Das Gemeinwesen lebt von den ausge-
glichenen Beiträgen ihrer Teilnehmer. Ein gesundes Gemeinwesen muss also ein gewisses „Tätig Sein" von jedem seiner
Mitglieder einfordern, im Sinne des Ausgleichs der Leistungen, die das Mitglied von der Gemeinschaft entgegennimmt.
Rechte und Pflichten müssen ausgewogen sein.

In nahezu jeder möglichen Welt muss gearbeitet werden, das
liegt in der Natur der Sache. Die Frage ist, als wer wir tätig
sind: Als mündiges Mitglied eines freiheitlichen Gemeinwesens oder als zahnlose, beliebig verschiebbare Gestalt auf einer undemokratischen Weltbühne.

Damit der Bereich des Tätig Seins richtig aufblühen und sich weiterentwickeln kann, brauchen wir zusätzlich freie Forschung und fortschrittliche Technologie in den verschiedensten Bereichen, nicht nur die Arbeitswelt betreffend. Der erste Schritt hierzu ist die breite Bildung der Menschen.

„Tätig sein" so wenig wie möglich behindern

Menschen wollen tätig sein – es entspricht ihrer Natur. Sie stecken sich Ziele und wollen diese auch erreichen können.

Ich kann mich noch gut erinnern an die in meiner Kindheit häufig gestellte Frage: Was willst du werden? Gemeint war damit natürlich, welchen Beruf man später einmal ergreifen möchte. In dieser Frage steckt aber noch ein anderer Kern: Was willst du sein, welche Identität möchtest du später einnehmen (wenn du groß bist)? Welches Tätig Sein möchtest du für dich auswählen?

Die Traumberufe zur Zeit meiner Kindheit waren ziemlich banal. Weder der „Superstar" noch der „Millionär" übte irgendeinen Reiz auf uns Kinder aus. Wir sind nicht vor dem Fernseher groß geworden, sondern an der frischen Luft. In unseren Träumen gab es Polizisten, Feuerwehrmänner oder Lokomotivführer. Und so bestand unser Spielzeug aus Polizei- und Feuerwehrautos. Wenn mehr Geld da war gab es eine elektrische Modelleisenbahn. In Handwerksbetrieben erlebten die Kinder ihren Vater mit Maschinen, die viel Krach machten. Das war so reizvoll.

Warum sollten die Jungs nun aufhören zu spielen, nur weil sie 16 Jahre alt geworden sind und „der Ernst des Lebens" begonnen hat?

Wenn einer in der glücklichen Lage ist, dass er die Neigung verspürt, ein Zimmermann zu sein, was ist dann das spätere Berufsleben anderes als die logische Fortsetzung des Spieles, das er vielleicht schon als Kind begonnen hat, zu spielen. Der Ernst des Lebens besteht nur darin, dass das Tätig Sein zielgerichtet ist und ein Ergebnis hervorbringen muss, welches von einem anderen Mitglied des Gemeinwesens gebraucht wird. Das Spiel wird also nicht mehr nur allein des Spieles wegen gespielt, wegen der Freude, die es bereiten kann, sondern auch wegen dem Ergebnis, wegen dem Nutzen, welches es hat.

Ich bin mir bewusst, dass diese Ausführungen ziemlich idealisiert sind und die Wirklichkeit oft anders aussieht und ausgesehen hat. Es gilt jedoch auszudrücken, welcher Charakter dem Tätig Sein innewohnen kann. Tätig Sein hat auch zu tun mit Freiheit und freier Entwicklung. Wenn diese ganze Geschichte auf die Notwendigkeit eines Arbeitsplatzes zusammengeschrumpft ist, dann zeigt das nur, wie eng es in Wirklichkeit geworden ist.

Unser Dasein ist im Begriff, sich auf – teils minderwertige – Arbeit, auf Konsum und Unterhaltung zu reduzieren. Die Aussicht, die in der Geburt des Menschen liegt, ist aber das Leben in Vielfalt. Und erst aus dieser Vielfalt entsteht über die Möglichkeit der individuellen Wahl unsere Freiheit.

Wie aber wird unsere Zukunft aussehen, wenn der Lebensraum für die Dichter und Denker fehlt? Die wollen auch tätig sein können. Sie haben eine unverzichtbare Funktion innerhalb eines Gemeinwesens. Auch die Künstler wollen tätig sein, die Lebensverbesserer wollen tätig sein – jeder in dem Bereich, an dem sein Herz hängt. Die Sportler wollen tätig sein – letztlich unabhängig von Red Bull oder anderen Sponsoren, wenn sie wirkliche Sportler sind.

Die Frage ist, ob nun die Ordnung unseres Gemeinwesens so ausgelegt ist, dass für die Verschiedenheit des Tätig Seins Platz bleibt, ob zum Beispiel ein Markt für Kunst – gemalte Bilder oder Anderes – existieren kann. Es gibt zwar Kunstschaffende, die für ihre Werke Hunderttausende von Euro erlösen, doch die meine ich nicht. Ich stelle mir einen Kunstmarkt vor, in dem auch der Normalverdiener unterwegs ist. Wenn das Geld jedoch nur noch für die Lebensmittel reicht, die „Kultur"-Konserve aus dem Fernseher kommt, so bleibt der Künstler von nebenan arbeitslos. Er hängt dann am sozialstaatlichen Tropf der öffentlichen Unterstützungsgelder, statt aus dem Verkauf seiner eigenen Bilder den Lebensunterhalt bestreiten zu können. So ist er degradiert und seine Kunst nicht wirklich frei.

Solange der Taktschlag von „Just in Time" beherrschende Maßgabe für das Leben von Menschen ist, wird für die Förderung und Ausbildung der Kultur breiter Bevölkerungskreise wenig Spielraum bleiben. Theater und Schwimmbäder müssen schließen, während für GEZ und Fernsehen die Zwangsabgabe kommt. Begleitet wird dieses Korsett dann von einer einfachen Rechnung: Sinkendes Realeinkommen des Vaters = keine Klavierstunden für die Tochter = kein Einkommen für die Klavierlehrerin.

Es wäre also wirklich gebraucht, dass genügend Geld bei dem ankommt, der tätig ist. Und ich denke, dass wenn wir eine moderne Zeit haben circa 30 Wochenarbeitsstunden ausreichen sollten, um die Grundbedürfnisse des Lebens reichlich abzudecken. Die Wirklichkeit schaut anders aus.

Wenn weniger als 40 % der Lohnkosten, die dem Arbeitgeber entstehen beim Arbeitnehmer auf dem Girokonto ankommen, dann wird das schwierig mit dem „30 Stunden Tätig Sein in der Woche". Der arbeitende Mensch muss ja über seine Wertschöpfung nicht nur sein Nettogehalt erwirtschaften, sondern darüber hinaus diese zusätzlichen 150 %, die dann in den Sozialsystemen landen und die Lohnsteuerforderungen des Staates bedienen. Diese Last hat er zu schultern. Und unter dem Aspekt, dass der Tätige mit seinem Nettogehalt ja weitere Abgaben – wie Mehrwertsteuer oder Mineralölsteuer etc. – entrichten muss, wird deutlich sichtbar, dass auf dem Tätig Sein das Gewicht überbordender Sozialabgaben und Steuern lastet. Letztlich bleibt dem arbeitenden Menschen bestenfalls ein Drittel seiner individuellen Wertschöpfung als Gegenleistung für seinen Beitrag. Tätig Sein wird somit immer weniger attraktiv. Zuletzt ist es zum Zwang geworden.

Für einen Teil unseres Systems, einen Teil unserer Ordnung müssen bessere Alternativen gefunden werden.

Wenn wir uns die verschiedenen Belastungen betrachten, die den Mittelstand treffen, dann sieht das hier teilweise noch schlechter aus. Der Inhaber eines kleinen Transportbetriebs zum Beispiel ist oft dem Ruin näher als der Gewinnzone: Seit der Öffnung der Grenzen steht er in Konkurrenz zu z. B. den Transportfirmen in Polen. Das Preisangebot der polnischen Kollegen kann deutlich niedriger ausfallen als sein eigenes, da die polnischen Firmen mit viel geringeren Personalkosten auskommen. Sowohl das Gehalt eines polnischen Fahrzeugführers als auch die anfallenden Sozialabgaben und Steuern sind viel niedriger als in Deutschland. Zudem kann der Lkw in einer polnischen Werkstatt zu den dortigen, günstigeren Preisen instand gehalten werden.

Damit nicht genug: Jedes Jahr erhöht sich der unproduktive Teil der Arbeit, den ein deutsches Unternehmen zu leisten hat. Im Transportbereich sind neue, höhere Ausbildungsstandards, die dem Berufsbild in Zukunft zugrunde gelegt werden sollen, entstanden. Das kostet zuerst einmal Geld. Neue Lkws mit höherem technischen Standard kosten zuerst einmal Geld. Die Buchführung ist inzwischen so umfangreich, dass das die Ehefrau nicht mehr nebenbei erledigen kann. Weitere Dokumentationspflichten, die erfüllt werden müssen und die von den deutschen Behörden sehr wohl kontrolliert werden können, sind entstanden. Der deutsche Klein-Unternehmer wird also von allen Seiten in die Zange genommen, und das bei fallenden oder ungenügenden Erträgen.

Das gibt keine 4 mehr, ausreichend. Das ist 5, mangelhaft!

Das alles hat nichts mehr mit Freiheit zu tun, das Paradigma „Liberalisierung" ist schlicht ein Euphemismus. Sie hilft, den eigentlichen Sinnesinhalt von Arbeit weitgehend zu zerstören.

Wenn ein Mensch nun keine andere Möglichkeit hat, als unter diesen sich verschärfenden Bedingungen zu arbeiten, dann hört er auf, ein tätiger Mensch zu sein. Er wird zum Sklaven. Er wird gezwungen, sein geringes Einkommen für überlebensnotwendige, oft minderwertige Waren oder Dienstleistungen zu geben, ohne die Chance zu haben, seine Lebensverhältnisse wirklich zu verändern, wirklich zu verbessern. Er ist gefangen in den Fesseln einer Ordnung, die genau die hier beschriebene Problematik – Stück für Stück – herbeiführt, sei es aus Unkenntnis oder böser Absicht. Die Unkenntnis sollte aber inzwischen der Kenntnis gewichen sein.

Dabei haben wir über die Zusatzbelastungen aus dem Schuldenstaat und dem Bankencasino noch nicht einmal geredet.

Bezüglich der „blühenden Landschaften" ist das Versprechen nicht eingelöst, weder im Osten der Republik, noch in Griechenland.

Ach, übrigens: Liberalisieren bedeutet laut „Wahrig Wörterbuch": freier, großzügiger gestalten. Ja, wer wird hier freier und wer wird großzügig bedacht?

IX. Der Austausch

Das aktuelle Experiment, eine Gesellschaft unter Verleugnung von althergebrachten Werten betreiben zu wollen, zeigt seinen Niederschlag in sittlichen Exzessen und einer Erosion der Gemeinschaft. Sobald nämlich z. B. Ehrlichkeit oder Gerechtigkeitssinn als barbarische Relikte belächelt werden können, endet die soziale Ordnung und das „Recht des Stärkeren" beginnt, sich im täglichen Leben zu etablieren.

Es wäre ein Trugschluss, nun jede unerwünschte Erscheinungsform des Lebens allein auf „das System" zu schieben. Der einzelne Mensch ist nicht nur ein kleines Zahnrad in einem riesigen Getriebe. Weder sind wir Sklaven, noch sind wir seelenlose Roboter. Durch unsere täglichen Entscheidungen und Verhaltensweisen gestalten wir das Leben ständig selbst. Erst dort, wo wir aufhören, abzuwägen und eigene Entscheidungen zu treffen, verlieren wir die uns eigentlich eigene Macht.

Wer ist denn in erster Linie verantwortlich für sich, wenn nicht das Individuum selbst?! Die Marotte, nach dem „starken Staat" zu rufen, beinhaltet die eigene Entmündigung. Der „Sozialstaat" z. B. kann zu einer Droge werden, mit ständig steigender Dosierung und wachsender Abhängigkeit der Leistungsempfänger.

Das fünfte Element in diesem Buch, der Austausch, ist sowohl eine gesamtgesellschaftliche als auch eine persönliche

Angelegenheit. Es bedeutet sinngemäß: Wer etwas bekommt, gibt etwas Gleichwertiges dafür.

Die Idee des Austauschs kann verleugnet werden. Dann kann man auch glauben, dass es legitim sei, so wenig wie möglich zu geben, am besten gar nichts – und im Gegenzug möglichst viel von Wert zu erhalten. „Geiz ist geil" ist das „Vaterunser" der Jünger dieses Glaubens.

Jede geistige Einstellung führt zu entsprechenden Handlungen. Ein billiger Preis kann zu unüberlegtem Einkauf führen. Sonderangebote mit zweifelhaftem Nutzen lassen unsere Schränke überquellen. Wahrscheinlich kommen die Sachen aus Fernost, und / oder die Qualität lässt zu wünschen übrig. Fernost bedeutet Arbeitsplätze in Fernost, wobei wir – und die Menschen, denen wir nahe sind – hier im Land leben. Wir wollen hier Arbeit haben und Geld verdienen. Die Arbeitsplätze in der Textilindustrie haben bereits eine Weltreise hinter sich gebracht. Aus Deutschland gingen sie nach Italien, dann in die Türkei. Es sollte aber noch billiger werden, also ging es weiter Richtung Osten – Bangladesch, China und so weiter. Der Verlust der Arbeitsplätze, der Firmen in diesem Land ist ein Preis für den billigen Preis.

Diese Verschiebung wird eine der Veränderungen sein, die darauf folgt, dass eine Ware keinen angemessenen Preis mehr haben darf. Und der Druck, billig produzieren zu müssen, wird zwangsläufig seinen Weg bis auf unsere eigene Gehaltsabrechnung finden. Der Leitspruch, dem wir folgen, wird auch das Spiel definieren, die Ausgestaltung des Lebensraumes, in dem wir uns dann plötzlich selbst vorfinden.

Es gäbe nun viel mehr zu entdecken als diese kurz angedeuteten Zusammenhänge. Die Konsequenzen des Paradigmas „billig um jeden Preis" sind viel umfangreicher. Sie gestalten nicht nur die nationale und die internationale Bühne. Längst sind sie auch im kleineren regionalen Wirtschaftsraum angekommen.

Wir leben, wie wir denken. Die „Glaubenssätze", denen wir im täglichen Leben folgen, haben aber nicht nur Tragweite in Bezug auf die wirtschaftlichen Belange. Unser Denken – und damit unser Verhalten – bringt Konsequenzen auf immateriellen Ebenen hervor. Ich meine damit die zwischenmenschlichen Verhältnisse oder andere Beziehungen, in denen wir leben. Ich meine damit z. B. auch unser Verhältnis zur Natur, welche uns all das liefert, was wir für unser körperliches Überleben benötigen.

Um das Element des Austausches besser verstehen zu können, ist es dienlich, einen seiner Gegensätze beim Namen zu nennen – die Ausbeutung. Die Bandbreite des gegenseitigen Umgangs schwingt nun von der einen Seite, fairer Handel, bis zur anderen: Ausbeutung und die damit einhergehende Geringschätzung oder Unterdrückung. Austausch kann nur auf freiwilliger Basis erfolgen, die Freiwilligkeit ist ein unabdingbares Moment der Fairness. Und niemand wird freiwillig damit übereinstimmen, ausgebeutet zu werden. Also geht Ausbeutung einher mit Täuschung, Betrug und Unterdrückung.

Wer in ehrlichem Austausch steht, steht auch in Verbindung mit dem Leben selbst. Leben funktioniert auf der Grundlage von Austausch. Wer jedoch ausbeutet, wird sich emotional getrennt haben (halten) müssen von all dem, was er ausbeutet. Damit trennt er sich, über das Konzept der Ausbeutung, vom Leben selbst. Wenn also die Tage immer grauer werden, könnte es eine Lösung sein, über ein Mehr an Beitrag nachzudenken.

So ist es eine fatale Entwicklung, wenn Schmarotzertum salonfähig wird. Internationale Banken, die über Marktmanipulation, Hochfrequenzhandel oder andere Spielchen ihre Kunden, Firmen und Volkswirtschaften ausnehmen und schädigen, während sie es gleichzeitig versäumen, ihrer eigentlichen Aufgabe nachzukommen: Wirtschaft und Verbraucher mit den benötigten Krediten zu versorgen. Ihre Verluste landen dann über Rettungsschirme, Brandmauern oder wie auch immer die neueste Wortschöpfung lautet, bei den Steuern zahlenden Bürgern und bei den Sparern. Diese internationalen Konglomerate produzieren keinerlei Güter oder Werte, während sie gleichzeitig wie im Rausch Firmen, Güter, Gelder und Dienstleistungen verschwenden.

Wie aber wollen wir Mitglieder des Gemeinwesens gegen diese Dinge vorgehen, solange wir selbst gedankenlos sind – also ohne Bewusstheit – oder solange wir es uns selbst gestatten, irgendetwas auszubeuten, was immer es auch sei.

Wohl oder Wehe

In einem System greift ein Rad in das andere, die einzelnen Teile sind untrennbar miteinander verbunden, verbindend aufeinander abgestimmt. Die Ordnung wird erst zur Ordnung, zum System, durch das Ineinanderwirken dieser sechs in diesem Buch genannten Maßgaben, dieser sechs Elemente. Unter Umständen erschließt sich der Sinn eines einzelnen Elementes erst, nachdem ein weiteres Element eingehend betrachtet und verstanden werden konnte. Es ist also auch schwer möglich, nur eine Maßgabe zu justieren, zu ändern, ohne die weiteren mit ihr verbundenen Elemente gleichfalls zu betrachten.

Von besonderer Tragweite für den Zustand des Lebens ist es, ob wir das Element „Austausch" (z.B. fairer Handel) als gültigen Maßstab anerkennen.

Unsere gemeinschaftliche Sehnsucht nach einer friedlichen Welt kann von Irrlichtern – wie der EU oder dem Euro – nicht gestillt werden, denn Frieden ist das Ergebnis von friedfertiger Gesinnung und gerechtem Austausch. Friedfertige Gesinnung ist ein Teilbereich des Nachbarschaftsprinzips (6. Element).

Austausch bedeutet, dass Geben und Nehmen ausgeglichen sind. In der Welt der privaten und öffentlichen Schulden, der Außenhandels- und Haushaltsdefizite, ist das Prinzip des Austauschs weitgehend ausgehebelt, außer Kraft gesetzt. In der Welt von Umverteilung, Länderfinanzausgleich, Transferunionen und sozialstaatlichen Wohltaten schaut das nicht viel besser aus. Denn immer, wenn der Eine etwas bekommt, muss der Andere dafür bezahlen. Damit der Eine bezahlen kann, muss er vorher tätig gewesen sein, er muss die Wertschöpfung erbracht haben, die das Geld – ein gerechtes Geldund Finanzsystem vorausgesetzt – abbildet. Nun wird jeder vernünftige Mensch gewisse, geringfügige Abgabenlasten zugunsten der sozial schwachen Teilnehmer innerhalb des Gemeinwesens, zu dem er selbst gehört, akzeptieren. Mit dem Überschreiten einer Schmerzgrenze jedoch setzt deutliches Unbehagen ein. Das Unbehagen wiederum resultiert aus einer – bewussten oder unbewussten – Übereinstimmung, die das

Individuum bezüglich dessen hat, was noch angemessen wäre. Auch andere Aspekte, wie Gerechtigkeitsempfinden, spielen hier mit.

Der verbogene Staat, das verbogene Gemeinwesen muss nun mit dem Unbehagen seiner Teilnehmer umgehen. Die Strategie ist einfach: Nebelkerzen, Verwirrung schaffen, Intransparenz, Überwachung. Unterstützer dieses verbogenen Staates werden also damit beschäftigt sein, Nebelkerzen zu werfen, Verwirrung zu stiften und Einblick zu erschweren. Das Tätig Sein dieser „Unterstützer" wäre also vorhanden, nur von einem Beitrag für andere Mitglieder der Gemeinschaft, von einem vernünftigen Produkt hoher Qualität kann sicher nicht gesprochen werden. Die Überwachung schließlich dient dann dazu, dafür zu sorgen, dass keiner ausscheren kann aus diesem Projekt der Umverteilung von Geld und Macht.

Wenn wir das Prinzip des Austausches verletzen, dann haben wir den Pfad der Tugend verlassen. Wir kommen in die Niederungen von Lügen und Gewalt.

Austausch würde z. B. bedeuten, dass wir von unserem Gemeinwesen einen adäquaten Beitrag zurückbekommen für jeden Euro, den wir einzahlen. Wir würden dann auch davon ausgehen, dass mit unserem Geld sorgfältig gewirtschaftet wird, im Sinne unserer Interessen. Wir würden davon ausgehen, dass unsere Wünsche bezüglich der Ausrichtung des Staates größtmögliche Berücksichtigung finden. Die Kommunikation mit den einzelnen Organen der Gemeinschaft wäre einfach und effizient.

Es ist natürlich sehr schwer, von unserem Staat faires Handeln einzufordern, während wir uns selbst – im täglichen Leben,

z. B. im Konsumverhalten – von dieser Verpflichtung entbinden. Nachdem über das Internet alles Erdenkliche über den billigsten Preis erworben werden kann, pflegen wir die Erwartung, möglichst viel Bekommen für möglichst wenig Geben zu erreichen. Die emotionale Bindung mit dem Verkäufer oder dem Hersteller der Waren erlebt bei diesem Verfahren keinen Aufschwung.

Wir verlernen, wie erfreulich es ist, einen ordentlichen Handel abzuschließen, bei dem jeder gewinnt. Je mehr das Bewusstsein für Recht und Unrecht entschwindet, umso mehr können sich dann die wirklich Kriminellen bei uns bedienen: Bank-Räuber nehmen ganze Staaten aus. Wir sollten uns überlegen, was das mit unserem eigenen Handeln zu tun hat. Vielleicht wäre es nun angeraten, gut zu überlegen, wie wir weiter verfahren wollen. Wir könnten uns Gedanken machen über die Massentierhaltung, den Raubbau an der Natur oder die Ausbeutung der Ressourcen. Diese Verfahren stellen gewiss auch keinen fairen Handel dar.

Fairer Austausch, fairer Handel ist *der* Schlüssel zu unser aller Wohl. Wenn wir eine bessere Welt wollen, so wird uns nichts anderes übrig bleiben, als diesen Gesichtspunkt in seiner vollen Tragweite wieder anzuerkennen. Sowohl in unserem Dasein als Individuum als auch als Mitglied von Gemeinwesen können wir uns dem Prinzip des gerechten Austauschs neu verpflichten.

X. Die Nachbarschaft

Jedes Individuum, jede Familie, jedes Gemeinwesen hat Nachbarn. Jede Stadt hat eine Nachbargemeinde. Es gibt Nachbarländer – ja es gibt sogar Nachbarplaneten und Nachbarsonnensysteme. Es ist eine Frage der relativen Entfernung. Also: Jeder von uns hat Nachbarn, auf die eine oder andere Art und Weise.

Die nackte Vernunft würde uns sagen, dass wir in guter Nachbarschaft zu leben haben. Etwas weiter gefasst drückt sich das im christlichen Leitbild aus: „Liebe deinen Nächsten".

Es hängt von der Definition ab, die wir einer Sache geben. Erst wenn aus dem Nachbarn die „feindliche Macht" oder der „Terrorstaat" geworden ist, haben wir die Rechtfertigung (oder blasphemisch ausgedrückt „die moralische Verpflichtung") die Grundlagen gutnachbarschaftlicher Verhältnisse zu verlassen und die Flugzeugträger klar zu machen. Früher waren es die „Rothäute" oder die „Ungläubigen", welche „von der überlegenen Zivilisation" – teilweise mit dem Segen unserer Seelsorge – überfallen und dann ausgerottet wurden. Diese Leute wurden einfach nicht als menschliche Wesen definiert. Sie wurden als „Wilde" gesehen, dem Tier nahe stehend und somit waren sie rechtlos. Nichts ist weiter von der Wahrheit entfernt. Es ging letztlich immer darum, sich Territorien, Rohstoffe oder Handelswege anzueignen. Es ging meist darum, die Interessen einer separaten Gruppe von Menschen durchzusetzen.

Es liegt in der Natur der Sache, dass es mit Nachbarn zu Interessenskonflikten kommen kann – vielleicht zwangsläufig kommen muss. Unter dem Gesichtspunkt „Er ist unser Nachbar" würden wir bereit sein, uns mit ihm und seinen Anliegen auseinanderzusetzen. Wir würden uns für die Argumente unseres Nachbarn öffnen. Das wäre der Weg mit den transparenten Verhandlungen, unter Mediationsbemühungen, zuletzt vielleicht über ein Schiedsgericht.

Wenn es also Meinungsverschiedenheiten gibt, vielleicht Spannungen oder eine wirkliche Krise, so ist es von fundamentaler Bedeutung, als was wir unseren Kontrahenten betrachten. Sobald die Bezeichnungen, die wir in der Presse finden, sich in Richtung „Sie sind unsere Feinde", „Sie bedrohen uns" bewegen, so geht es nicht in Richtung Verständigung, es geht in Richtung Gewalt.

Auch auf der individuellen Ebene müssen wir uns für eine Definition entscheiden. Sehen wir uns „dem Türken" gegenüber oder einem Mitmenschen? Sieht sich der Türke einem „Ungläubigen" gegenüber oder einem Mitmenschen? Das ist die grundsätzliche Frage: Wie ist unsere grundsätzliche Einstellung zueinander? Wie gehen wir miteinander um? Gibt es irgendwelche Leitlinien, die wir hier für uns selbst aufgestellt haben?

Grundsätzlich wäre es so, dass jeder über seine eigenen Angelegenheiten selbst bestimmen darf und sogar selbst bestimmen muss. Das Nachbarschaftsprinzip würde also bedingen, dass man sich aus den Angelegenheiten des Nachbarn raus hält. Das Nachbarschaftsprinzip beinhaltet auch, dass man dem Nachbarn sein Eigentum lässt und weder seine Religion noch seine Kultur in Frage stellt.

Und dann kennen wir noch die Nachbarschaftshilfe. Wenn das Salz ausgeht, wird an die nächste Tür geklopft und das Salz eben mal ausgeborgt. Und der Nachbar kommt dann, wenn er keine Streichhölzer mehr hat. Das ist doch selbstverständlich, dass man sich gegenseitig hilft. Aus der gegenseitigen Hilfe vertiefen sich die freundschaftlichen Beziehungen.

Das Prinzip der Nachbarschaft beinhaltet aber noch einen weiteren Punkt: Beide Nachbarn stehen unter demselben (göttlichen?) Gesetz. Das sind die moralisch-ethischen Grundlagen des Menschseins. Es gibt Gesetze, die für alle gelten, unabhängig davon, was eine Regierung beschließen mag. Ein Beispiel wäre: „Du sollst nicht töten".

Wenn also das gleiche Gesetz für alle Gemeinschaften gelten muss, dann würde das auch bedeuten müssen, dass der Iran sein Atomprogramm durchführen darf. Staaten wie Pakistan, Israel und die USA haben die Atombombe ja auch. Und eine große Anzahl von Staaten nutzt die Atomtechnik für die Energieerzeugung.

Gesamtnachbarschaftlich gesehen besteht die richtige Lösung natürlich in der Abrüstung für alle Staaten auf diesem Planeten. Die Atombombe ist der ultimative Gegenentwurf zum nachbarschaftlichen Verhältnis. Wir müssen auch auf die Atomkraftwerke verzichten. Diese Technik beinhaltet Risiken, die kein vernünftig denkender Mensch eingehen will. Wie wir nun in Fukushima gesehen haben, gibt es keine sichere Atomenergie. Es gibt kein annehmbares Verfahren für die sichere Entsorgung des Atommülls. Der Atommüll kann aber die nachfolgenden Generationen auf der Erde und die Erde selbst für eine Ewigkeit verseuchen.

Ehrliche Bemühungen auf der „Supra-Nachbarschaftsebene"
(eine gemeinschaftliche politische Ebene von freiwillig teilnehmenden Nationen – bisher über die EU zweckentfremdet
und missbraucht) sollen in erster Linie dem Schutz der Grundrechte *(Verfassungsentwurf Bürgerinitiative für das Europa der
Bürger)*, der gesunden Umwelt, dem Erhalt des Lebensraumes
des Planeten Erde mit seiner reichen Fauna und Flora dienen.
Die Bemühungen sollen freundschaftlich sein mit dem Ziel,
andere Gemeinschaften bei ihrer Entwicklung zu unterstüt-
zen, *falls* sie das wünschen und auch nur in dem Umfang, wie
sie es wünschen. Allianzen zur gegenseitigen Unterstützung
sollen geschmiedet werden können, solange andere Nachbarn
damit nicht geschädigt werden. Wege müssen gefunden werden, damit die Nachbarn untereinander verkehren können.

Um unsere Harburg-Ordnung wieder hervorzuholen: Wenn
die Harburger ständig mit ihren Nachbarn gestritten hätten,
wäre ihnen das, denke ich, schlecht bekommen. Sie müssen
etwas gut gemacht haben, denn Burg und Ort stehen heute
noch. Vielleicht haben sie sich gegenseitig geholfen, über den
Handel ihre Produkte ausgetauscht, sich ausgeholfen in der
Not. Vielleicht haben sie sich gegenseitig gefördert und so gemeinsam überlebt.

Die Harburger müssen auch ein nachbarschaftliches Verhältnis zu ihrer Natur gehabt haben. Fahren Sie hin und schauen
Sie sich die Gegend mal an!

Nachbarn bekriegt man nicht. Man schadet ihnen nicht. Man
beutet sie nicht aus. Man nimmt ihnen die Freiheit nicht.
Man vergiftet weder ihre Brunnen noch stiehlt man ihnen
den Weizen von den Feldern.

Man gibt auch die eigene Selbstständigkeit nicht auf, nur weil der Bürgermeister – kurz nach seinem Amerikaurlaub – alle konservativen Kräfte als Nationalisten bezeichnet. Stellen Sie sich vor, es gäbe die einzelne Familie nicht mehr. Mit ihrem eigenen, privaten Raum. Nur noch Eine Ganz Große Familie – vielleicht mit einem „Ganz Großen Bruder"?! [1]

Wenn man sich zusammentut, dann nur, weil es bereits so viel Gemeinsames gibt, viel mehr Gemeinsames als Trennendes. Und man „verbündet" sich niemals mit der Wirkung, dass der einzelne Beteiligte die Kontrolle über seine eigenen Angelegenheiten verliert. Das verletzt nämlich Punkt 1 der Säulen für eine bessere Welt: Herrschaft.

Wenn wir also eine Ordnung aufstellen wollen, als System für ein Gemeinwesen, dann müssen wir auch bedenken, dass es nicht nur uns selbst gibt. Es gibt weitere eigenständige Gemeinwesen in der Nachbarschaft – und es ist gut, dass es sie gibt. Es existiert das – nur unzulänglich bewusste, viel zu wenig beachtete – übergeordnete Gemeinwesen, in dem wir mit unseren Symbionten sind, im Rahmen der Natur. Und es gibt ein viel größeres Ganzes, mit seiner ihm eigenen Ordnung. Das Recht, zu diesem größeren Ganzen zu gehören, erwerben wir uns auch durch unseren Beitrag, mit unserer Entscheidung und unserer Fähigkeit, ein guter Nachbar zu sein. Alle Menschen werden Brüder – im Bewusstsein einer Ordnung, die weit außerhalb der Reichweite, weit außerhalb des Bewusstseins unserer Regierungen liegt.

---

1 *George Orwell, 1984*

XI. Unsere Zukunft

Nichts Neues

Weder kann ich noch möchte ich behaupten, dass ich etwas Neues erfunden habe. Die sechs hier beschriebenen Elemente existieren seit ewigen Zeiten. Sie wurden mal weniger, mal mehr gewürdigt. Wie auch immer: Gemeinwesen, Länder oder Reiche wurden gegründet, stiegen auf und zerfielen zu Staub. Nichts dauert ewig.

Auch die aktuell existierenden Gemeinwesen, Firmen, Länder oder Staatengebilde sind nicht für die Ewigkeit angelegt. Im Verlauf der Geschichte sind das nur Momentaufnahmen. Für die Menschen, die jetzt, heute, in diesen Gebilden leben, darin existieren müssen, ist die Qualität eines Gemeinwesens jedoch nicht nur eine geschichtliche Frage. Es ist vielmehr eine Frage von Wohl und Wehe, von Glück oder Desaster. Es ist die banale Frage von Arbeitsplatz oder Hartz 4, von Eigenständigkeit oder Abhängigkeit. Es ist die Frage, als was das Mitglied des Gemeinwesens sich selbst erleben kann und welche Entwicklung ihm möglich sein wird.

Jede Zivilisation braucht eine Art von abgestecktem, definiertem Raum. Das nennt man System oder Ordnung. Dieser Raum ist ein Teil des Fundamentes, welches Leben braucht, um stattfinden zu können. Die 6 Punkte sind der Humus. Die Lebenskraft, die Ideenkraft müssen wir Individuen schon selbst entwickeln.

Unser tägliches Leben, die staatlichen Systeme mit ihren nachfolgenden Gesetzen stehen unter dem geheimnisvollen Wirken dieser 6 Punkte. Dabei kommt es nicht darauf an, ob das „wissenschaftlich bewiesen" ist oder an irgendwelchen Hochschulen gelehrt wird.

Es mag Ordnungen geben, die auf anderen Elementen beruhen, welche mehr Quantität hervorbringen. Ich aber denke, unsere Zukunft liegt in der Qualität.

Vielleicht – nachdem das System, in dem wir bisher gelebt haben nun am Zusammenbrechen ist – werden wir unsere Kräfte sammeln und Überlegungen anstellen. Bisher gründen unsere Verfassungen ja eher auf vorangegangene Rechtsordnungen oder auf Eindrücke gravierender Ereignisse, wie dem II. Weltkrieg oder dem Naziregime. Teilweise ersetzt fortgeschriebenes Recht die Verfassungsfunktion. Verfassungen gründen auch auf die „Betriebsamkeit" unserer politischen Klasse. Ich frage mich: Wenn die so entstandene Ordnung auf einen neutralen Prüfstand gestellt würde, würde sie das O.K. des eigentlichen Souveräns, der Menschen im Land, bekommen? Das ist die fundamentale Frage der Demokratie.

Unsere Bevölkerung beginnt, den Staatsstreichcharakter von ESM und Transferunion als das zu erkennen, was es ist: Hochverrat. Der laufende Erkenntnisprozess führt nun dazu, dass mehr und mehr Menschen politische Angelegenheiten hinterfragen. Ein positiver Aspekt ist also der zunehmende Sachverstand, den die Menschen gezwungenermaßen erwerben. Wir beginnen, uns die ganze Sache – und die erforderlichen Maßgaben – neu anzuschauen. Mit dem System definieren wir uns ja auch selbst. Über die Ordnung gestalten wir sowohl unsere gegenwärtigen Möglichkeiten als auch einen Teil der Welt, die nach uns sein wird. Das wäre doch besser, als Schulden zu hinterlassen, oder?

In Form von Gesetzen kodifiziert

Über Verfassungsbeugung und Verfassungsbruch, über den Bruch der europäischen Verträge wird unser Rechtsstaat zum Unrechtsstaat. Das Denkmuster „Not kennt kein Gebot" löst das Prinzip der Vertragstreue ab. So wird der Staat schwer beschädigt und in Teilen bereits aufgelöst.

Ich möchte mich dem Rechtsbruch nicht anschließen. Eine Gesundung der Rechtsordnung ist unumgänglich.

Die hier vorgestellten 6 Elemente können den Hintergrund für die nun notwendige breite Diskussion über Inhalt und Form einer zukünftigen, tragfähigen Rechtsordnung bilden. Die Elemente sind konkret, sie sind viel mehr als nur Schlagwörter. Menschen werden also ihr eigenes Leben mit diesen grundsätzlichen Maßgaben abgleichen können.

Wir Menschen selbst, also wir alle, sind über unsere Natur- und Freiheitsrechte die einzige Quelle, der wirkliche Ausgangspunkt jeglicher staatlicher Souveränität. Nun sollten wir unsere Souveränität auch in die Tat umsetzen. Nur damit werden wir unsere Freiheit bewahren können. Die bessere Welt ist die freie Welt.

Die Diskussion ist ein Teil der freien Willensbildung. Es darf keinerlei Denkverbote geben. Eine mögliche Einflussnahme auf diesen Prozess durch Politik, Medien und Lobbyisten muss vollständig transparent gehalten – oder aber ausgeschlossen werden. Es muss auch ausgeschlossen sein, dass Menschen, die an diesem Prozess teilnehmen wollen, unsachliche, üble Nachrede erfahren oder sogar ausgegrenzt werden. Im Verlauf der freien Diskussion müssen die Bereiche der Gesetzeswerke definiert, geordnet und ausgearbeitet werden. Sie sollen die gewünschten Maßgaben abbilden. Das heißt, die Welt der Ideen wird dann in ein folgerichtiges Regelwerk gebracht. Gesetze werden in der Form kodifiziert, dass die gewünschten Effekte aus den 6 Elementen erreicht werden können.

ACHTUNG: Diese Arbeit ist nicht von der politischen Klasse zu erledigen!

Vom (finsteren) Mittelalter bis in die Neuzeit hat es einige Jahrhunderte gedauert. Wir werden also mit einem gewissen Zeitlauf rechnen müssen. Und wer weiß, wie man die heutige Zeit in 500 Jahren nennen wird.

Ich rege an, dass einige Fachkundige und einige neugierige Studenten beginnen, sich nun einzubringen. Sie können mithelfen, dass eine tragfähige neue Ordnung Gestalt annehmen kann.

Es existiert ein 7. Element

Das 7. Element für eine bessere Welt ist diese tragfähige, festgelegte und niedergeschriebene, verbesserte Rechtsordnung. Sie folgt der Logik der Vernunft und verwirklicht den Sinngehalt der 6 grundlegenden Elemente. Und erst dadurch, dass die Teilnehmer sie verstehen und mit ihr übereinstimmen, wird sie ihre Gültigkeit erlangen können.

Das 7. Element ist eine Art von Quintessenz aus den 6 Elementen dieses Buches.

Damit scheint das „Kleine Einmaleins" der Politik gefunden: *6 + 1 = 7*. Und das in diesem Buch vorgestellte Gedankengebäude bekommt nun seinen Namen: ***6plus1 – oder 6plus1 Modell***.

Anhand dieses Gedankengebäudes kann Politik bewertet werden, können politische Vorhaben bewertet werden. Nun kann sogar im Vorhinein verstanden werden, wohin uns politische Konzepte führen werden. Und zuletzt ist es wirklich eine Frage von Frieden oder Krieg.

Die Ordnung, die mittels des Instruments „Europäische Verträge" über Europa gelegt wurde, ist nicht in freier, breiter Diskussion der nun unter Zwang teilnehmenden Menschen entstanden. Diese Europäische Union ist das Projekt einer kleinen Schicht, durchmischt mit dem Gedankengut der Lobbyisten, entstanden in Auftragsarbeit. Öffentliche Denkverbote und Tabus mussten erfunden werden. Kritiker mussten ausgegrenzt oder zumindest der öffentlichen Wahrnehmung entzogen werden. Schritt für Schritt lieferte und liefert eine weitgehend gleichgeschaltete Presse die jeweils benötigte PR. Die eigentlichen, einzelnen Gemeinwesen finden sich mehr und mehr in die Enge getrieben. Eine völlige Auflösung der einzelnen verfassungsrechtlichen Ordnungen scheint alternativlos. Keine korrekt und frei durchgeführte Verfassungsgestaltung = keine Selbstbestimmung der beteiligten Menschen!

Die Europäische Union ist nach der ***6plus1***-Definition eine Mogelpackung: Privatwesen statt Gemeinwesen.

Ich vermute, dass auch hinter diesen Pseudo-Bürgerkriegsaus-
einandersetzungen, die 2010 – 2012 südlich und östlich des
Mittelmeeres stattfinden bzw. stattgefunden haben, in Wirklichkeit die Interessen privater Gruppierungen stecken. Diese
Auseinandersetzungen sind als weitere Abfolge von Destabili-
sierung und verdeckter Übernahme zu verstehen, nach Afghanistan und dem Irak. Die amerikanische Ostküstenelite mit
ihrem Wallstreet-Papiergeld- und Bankensystem – oder wer
auch immer dahinter steckt – spielt z.B. seit 9-11 vorrangig
die Terroristen-Notstandskarte. Notstand bedeutet immer:
Keine Verfassung – also kein 7. Element – damit auch keine
verfassungsmäßigen Rechte für die Menschen. Es bedeutet
gleichzeitig eine Einmischung in die Angelegenheiten anderer
und: Es bedeutet Krieg.

Es gibt keine wirkliche Alternative dazu, dass die tatsächliche Ausformung des 7. Elementes – der Rechtsordnung – die

6 vorangehenden, in diesem Buch benannten Elemente abbildet. Nur so ist ein angemessener Rahmen für unser Leben abgesteckt. Über die Rechtsordnung erlangen die Elemente eine entsprechende Priorität und einen angemessenen Schutz. Gleichzeitig wird die Grundlage für den Frieden bereitet. Über das *6plus1-Modell* wird ein „Spielfeld" geschaffen, welches ehrlichen Fortschritt zulässt.

Und hier schließt sich der Kreis:

Der Mensch ist aufgrund eines unveräußerlichen Naturrechts frei geboren. Er ist mit Vernunft begabt und damit fähig zur freien Entscheidung.

Der Mensch ist eine soziale Person. Es liegt in seiner Natur, einer Gemeinschaft anzugehören und sich mit anderen Personen sowohl geistig als auch materiell auszutauschen. (Quelle unbekannt)

Tatsächlich in Anwendung

Das wäre es zuerst einmal gewesen zu den 6plus1 Elementen. Nun möchte ich zum Ende kommen.

Es ging mir nicht darum, Patentlösungen aus der Jackentasche zu ziehen. Es ist nur mein Wunsch, verschiedene Kernaspekte von Gemeinwesen – am Beispiel staatlicher Gebilde – darzulegen, in einfacher Form. Und ich habe erlebt, es ist nicht ganz einfach. Der Weg der Umsetzung wird nun auch nicht immer leicht sein.

Letztlich ist mit diesem Buch aber die Frage beantwortet, warum es Staaten und Gemeinwesen gibt. Es gibt sie, damit sie die in den 6plus1 Elementen definierten Funktionen erfüllen.

Arbeitsteiliges Leben und Lebensqualität werden möglich. Ein Lebensraum voll von Tätig Sein kann sich ausbilden. Und, nicht zu vergessen: Das Gemeinwesen, oder das Land, oder die Firma – auf die richtige Art und Weise geordnet, gibt dem Individuum die Möglichkeit einer Mitbestimmung und Mitverantwortung auch in komplexeren Bereichen, welche weit über seine individuelle Lebensgestaltung hinausgeht. Erst über die Teilnahme am Gemeinwesen erleben wir das „Mitmensch-Sein", als Gegensatz zu unserer Individualität.

In dem Umfang, wie die 6plus1 Säulen, die ich Ihnen hier vorgestellt habe, negiert oder pervertiert werden, in genau dem Umfang verliert der Staat seinen Sinn. Es gibt dann keine praktische, keine moralische Daseinsberechtigung für das Land. Es besteht nämlich kein echtes Gemeinwesen, solange sich Individuen, Regierungen oder Verwaltungen den Erfordernissen aus den 6plus1 Säulen entziehen.

Was ist die bessere Welt? Es ist die Welt, in der die Menschen – in Freiheit – alle 6plus1 Säulen kennen und verstehen. Es ist die Welt, in der wir die die 6plus1 Säulen anwenden und mit Leben erfüllen.

Vielen Dank!

Zum Autor

Werner Bulling, Jahrgang 1950, lebt in der Nähe von Augsburg. Er ist aktives Mitglied einer Bürgerinitiative, welche schon frühzeitig Demokratiemängel der „Maastricht-EU" aufzeigte. Die Initiative erarbeitete auch grundlegende Maßgaben für ein demokratisch gestaltetes, vereintes Europa, als Alternative zur Europäischen Union, und stellte sie zur Diskussion. Nach der Jahrtausendwende skizzierte und veröffentlichte die Initiative ein Konzept, um Demokratie auf einer gemeinsamen, globalen Ebene aufzubauen.

Werner Bulling hat im Namen der Bürgerinitiative über viele Jahre intensive Informationsarbeit geleistet und auf internationalen Veranstaltungen Workshops abgehalten. Ohne die Vorarbeit der Bürgerinitiative hätte dieses Buch nicht entstehen können.

Veröffentlichungen und Vorträge von W. Bulling:
- **Getäuscht und entmündigt?**
  Über die eigentlichen Grundlagen vernünftiger Politik
- **Freiheit im Jahr 2009**
- **Das „Harburg-Modell"**
- **Geld, Schulden**

Buchprojekt:
- **Meine Erde, unsere Erde**

www.ingramcontent.com/pod-product-compliance
Lightning Source LLC
Chambersburg PA
CBHW031414250726
48656CB00002B/678